纸上咖啡馆

两个女孩的环球咖啡之旅

默默 岱岱 绘 / 著

北京日报出版社

编辑手记

旅程开始前……

这是一场别开生面的旅行，沿着时光的小溪，循着咖啡的醇香，跟随两位美女向导精致的笔触，从杭州到北京，从柏林到成都，从纽约到广州，从伦敦到墨尔本，从卑尔根到伊斯坦布尔……漫步咖啡馆丛林，欣赏不同城市最有味道的风景，人在画中徜徉，恍若穿越时空置身实景，风格迥异却遥相呼应的手绘为旅程加上了艺术的特效。就这样，关于一座城市的旅行记忆在一间间咖啡馆中定格。

在为读者制订这次“行程”前，我们曾绞尽脑汁，是以国家、城市为主线，抑或是从书的两端各自为起点，让两位“导游”于途中相聚？在一次次回味这些极具“个人魅力”的咖啡馆之后，我们渐渐品出了咖啡之外的人生况味，最终决定摒除多余的设计形式，就以时间为轴，讲述作者真实的心路历程。

2015 年，机缘巧合，默默和岱岱相遇于一间咖啡馆，借由心有灵犀的手绘找到了平行世界的另一个自己。2016 年到 2018 年，两人行走在各自的生活中，步履不停，为工作四处奔波的同时又笔耕不辍，挤出时间探访咖啡馆里的故事，而绘画则是她们与世界沟通交流的方式。在此期间，她们不约而同地去过不同城市的同一间咖啡馆；光阴荏苒，三年别离，只有一次短暂的相聚，但也有了第一次坐在一起同画一家店的难忘回忆。人生的轨迹就是这样，两条线相交后便是又一段分离，回溯相遇前各自的人生际遇，氤氲着咖啡香气的画作是最生动的岁月痕迹，更何况有些咖啡馆已被时光的枝蔓隐藏，也只能在画中寻觅了。

这次旅行中的每一座城市、每一家咖啡馆都有其独特的香气，店内的细节是一日日渐渐丰盈起来的，跃然纸上的尽是在时光中慢慢酝酿成长的店铺；许多店都不在主街道上，而小街巷更是城市的底色，展现着最生动、最真实的当地风物。或是心驰神往的专门到访，或是随遇而安的临时起意，这些独立咖啡馆就这样在画纸上慢慢铺开，栩栩如生……有因同名杂志而知名的主题店铺，有堪称世界最美的森林花园餐厅，有坚持柴犬哲学的社区咖啡馆，有自带烘焙车间的咖啡学院，小档口，外卖窗，书报亭，游牧店……

当咖啡与设计融合，当绘画与音乐相遇，当见证着可爱的小店从无到有出落得温柔动人，当伤感于人面桃花的物是人非……她们用画笔倾诉，我们用心灵聆听。默默与岱岱画风不同，一个喜欢人物点景，生动而耐看；一个擅长细节描摹，华美而惊艳。这或许源于二人视角的差异——一个极具融入感，偏爱全景的呈现，偶尔还会俏皮地将自己藏在画中；一个则是细致的观察者，以清晰、柔美的笔触精绘咖啡馆的一角或一处细节。

岱岱爱展现静物的美与疏落的人物，吧台、器物、花束无一不散发着艺术的光晕；默默笔下的场景则充盈着生活的气息，忙碌的咖啡师，来往的客人，店铺门前“躲猫猫”的巴哥与金毛，阶梯上缓缓踱步君临天下的小白喵……一静一动，二人风格上的差异与对比在呈现同一家咖啡馆时别有意趣，但二人对细节的写实同样执着，让观者隐约间享受着“找不同”的快感。

水洗、日晒，浅焙、深烘，拼配、单品，澳白、短笛……咖啡可以很专业也可以很生活，可以很较真也可以很随性，“咖啡豆里做道场”，从生豆到变为我们手中的一杯咖啡，于咖啡而言是一场漫长的修行，于咖啡馆里的我们来说，是一种体验，是偷得浮生半日闲的平静与美好。手绘书中这段用时光编织的旅行不是一蹴而就的，是女孩们数年生活光影的多倍速播放，行色匆匆却每一帧都值得细细赏味。

就像默默说的，令人难忘的旅行不仅是自己走出去看这个世界，也是一些人在生命之旅里走向你。在仰望着落满梧桐叶的玻璃房，心心念念等猫来晒太阳的暖暖的午后，让我们品味着咖啡的浓香甘醇，开始这次“画中行”吧。

许庆元

目录 CONTENTS

序言：画过，才算真正来过

Momo

2017年 咖啡馆里有奇妙的相遇

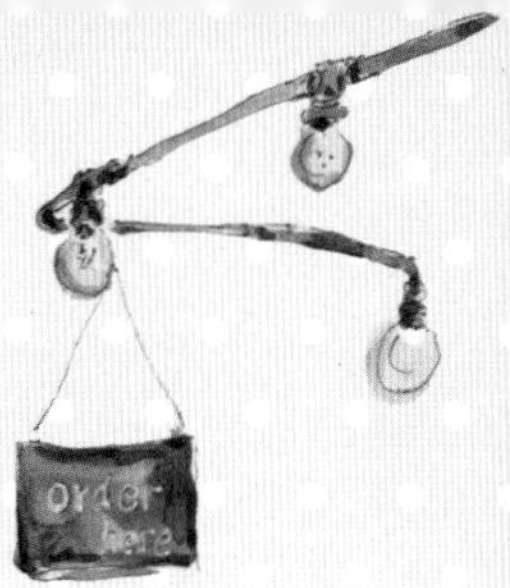

2018年 每间咖啡馆都有故事

2015至2017年 那些我们共同画过的店

2014年 一个人的咖啡时间

2014至2018年
被时光掩藏的咖啡馆

序言

画过，才算真正来过

——致我爱的独立咖啡馆

寻找与自我“频率”相同的独立咖啡馆，是旅行的重要乐趣之一。能让我停下探索城市新鲜与未知的脚步，无视时间与机票的代价，数次推门而入的店大概就是真爱了。

因为旅行而喝咖啡，还是因为喝咖啡而旅行，到后来连我自己也分不清楚了。

起初的我，因迷恋一杯咖啡而去咖啡馆，那时很容易满足；懂一点咖啡时，变得爱较真爱挑剔，把乐趣放在品评各种风味上；后来角色反转，自己坐进吧台，看吧台外的世界，遇到了形形色色易满足的咖啡迷和爱较真的咖啡爱好者，再去咖啡馆时又有了别样的心态。如今，我又回到最初的咖啡客状态，享受在喜欢的店里发自内心的快乐与感叹：“啊，好好喝！”

那些令我愿意停下来花两三个小时写生的店，必定因为咖啡，却又不仅仅是咖啡。让我觉得舒服的咖啡馆，往往是这样的——咖啡人自顾自忙碌着，不过分热情，放任前来打发时间的客人们静享一隅；咖啡客们慕名而来，品尝咖啡之余或是细声聊天，或是看书放空。这一个咖啡的小世界，仿佛是避世的桃源，令人忘却世事纷扰。

就像拍照时我常常用人物点景，画画时我也偏爱如此。吧台里做咖啡的人、悠然喝咖啡谈天看书抑或放空的人一放进画面，生气就来了。有时甚至觉得那一张张咖啡馆的画，还带着现场的声音呢：动人的背景音乐，恋人们的呢喃，友人们的欢笑，独坐者的翻书声，还夹杂着磨豆机的“咔咔”声和蒸汽棒的“吱吱”声……

这些画像是行程本，记录了自己旅行和生活的足迹；也是回忆录，让我想起某座城市某些人。

一家咖啡馆，当我画过它之后，才觉得自己真正来过。

2015
—年—

缘，

妙不可言

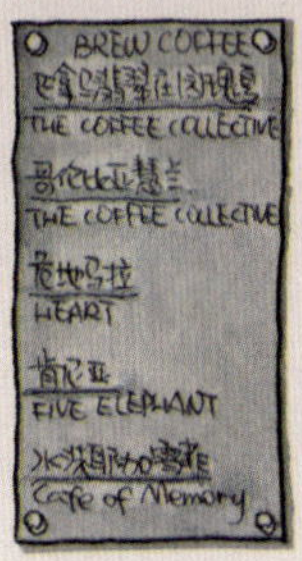
BREW COFFEE
巴拿马翡翠庄园瑰夏
THE COFFEE COLLECTIVE
哥伦比亚慧兰
THE COFFEE COLLECTIVE
危地马拉
HEART
肯尼亚
FIVE ELEPHANT
水洗耶加雪菲
Cafe of Memory

墨影咖啡馆

显影咖啡馆

浙江杭州·拱墅区假山路 50 号

MAP 01 手绘咖啡馆之旅从这里开启

daidai

我就是从这家店、这张画开启了手绘咖啡馆之旅，也是在这里认识了默默。对于我来说这其实是最有意义的一张速写，也是最有意义的一家店。

由于工作关系经常在外出差，日子久了，难免有些无味。于是我开始在所到的城市中寻找独立咖啡馆，杭州恰好是个多产独立咖啡馆的城市。在搜寻了各种图片和点评后，我首先锁定了这家——显影咖啡馆。

店铺开在巷子深处，一片树荫背后。轻轻推门而入，映入眼帘的是颇具工业设计感的空间。水泥色地面，杂色木制拼接餐桌，牛仔裤拼接椅套，半人高的仙人掌，大幅黑白照片，随处都是店主用心的布置。那时对手冲咖啡还没有特别的概念，只是让咖啡师推荐了一款，搭配当季新鲜的无花果塔，便坐在大书桌前拿出日记本想做点什么。

可能就是这样的缘分，默默看见我的画本也兴奋地拿来她的画本与我分享。在那之后的十几分钟里，我们发现彼此的学业和爱好竟然有百分之八十的相似。于是，短短的一次相遇，我们就成了画友。

BREW COFFEE
巴拿马翡翠庄园瑰夏
THE COFFEE COLLECTIVE
哥伦比亚慧兰
THE COFFEE COLLECTIVE
危地马拉
HEART
肯尼亚
FIVE ELEPHANT
水洗耶加雪菲
Cafe of Memory
默默坐在这
LIFE IS LIKE A
CAMERA /

COFF
SUG

BREW COFFE
耶加雪菲
埃塞俄比亚
危地马拉
巴拿马
肯尼亚
Coffee Beans
TEA
COFFE

MAP 01

相遇让我相信命运

Momo

2015年8月的尾声，来杭州出差的岱岱推开了显影咖啡馆的门。大概是因为看她随身带着画画的本子，我就献宝似的给她看了我去土耳其、美国以及台湾地区时画的画，这就像是一场命中注定的愉快又奇妙的会面。眼前的岱岱是一个活在平行空间和时间里的另一个我，是一个鲜活的回响。

之后，和见面不到48小时的岱岱一起在薄荷庭院吃嫩菱喝咖啡，这种感觉就像是只有旅途中才会有的知遇。要知道，平时的我一向都很“高冷”，和陌生人一起吃饭这样的事，更是鲜有发生。

聊起来才知道，我们连就读的专业都一样。我们的专业我都不知道怎么跟别人去解释。听她谈到很多事情时，我都默默地想跟一句：“我也是！”

我常常觉得令人难忘的旅行不仅是自己走出去看这个世界，也是一些人在生命之旅里走向你。

“我能为你做点什么呢？”从见面第一天起，她的口头禅就是这样。是的，从此这个世界上爱操心我的人又多了一个。其实遇见你就是你为我做的最好的事了。

35岁的我如果也是这样，依然坚持画画，阅读，旅行，关心朋友，爱家人，做好吃的……就太好了。当时的我在想。

日后，我们可以一起出一本关于手绘咖啡馆的书，想必当时我们谁也不曾想到。

真好啊！

如今，显影咖啡馆已易主，早已不是昔日的显影了。

FAEMA
E61

CHEN Cafe & Restaurant

浙江杭州 · 上城区开元路 38 号

CHEN Coffee

MAP 02

半现代半复古

daidai

这次到店也是在下班后，从杭州市区外的工作地回来。

抱着反正明天不上班的态度，点了最爱的卡布奇诺（Cappuccino）。晚上的店里灯光略显昏暗，半现代半复古的味道，没有违和感，像是在电视剧里见过的场景。

桌椅搭配很舒服，虽然没有点餐，但是服务生仍然很 nice。这幅画我很满意，觉得很是体现出了这家店的氛围。

Seaside (2014)
30×20cm canvas oil painting

油画《海边》

Cafe Zarah
北京·东城区鼓楼东大街 46 号

MAP 03

我的油画竟在这里展出了

daidai

Zarah

Cafe Zarah 是在北京鼓楼一带较有规模的咖啡馆，除了身处闹市仍然舒适宁静外，还同时拥有古色古香的四合院风格，以及简洁的现代主义风格。除了咖啡，还有西式简餐。

与 Zarah 的结缘是因为活动“绘画相遇音乐”。

在 Zarah 展览的绘画作品，由 DJ 利用 DJSet 把这些绘画串联并用音乐与之对话。

我的第一幅油画，很幸运地成为参展作品，也是我第一次近距离接触艺术圈。

Coffee Gospel

MAP 04 这是烟台最棒的咖啡馆

daidai

“你好厉害，找到了烟台最棒的咖啡馆！”一直埋头忙碌的老板突然冒出来这么一句。

这是我第一次到烟台出差，然而在这样的城市想找个想象中模样的咖啡馆，可不是件容易事。我在网上搜了又搜，连图片带点评，几乎都看了个遍，才锁定开发区附近和市区内的几家。

可是很遗憾，除了没开门的，就是卡布奇诺做得像速溶咖啡的。几近绝望时，最后决定还是要去市区探一家名叫 Coffee Gospel 的咖啡馆。

这是一家没有招牌，如果不仔细看一定会错过的店。

由于身处居民楼一层，整个店铺的空间颇为狭长，但这样的难题并未难倒曾经做过室内装修设计的老板和老板娘。角落的多肉植物，桌上的复古电风扇，隔板上的干花装饰，吧台上的探照灯，悬挂的黑板后面藏着冰箱，等等。店内的座位并不多，但每一个都很舒适。每到周末晚间打烊后，朋友们还能在前厅聚起来，观看投影电影呢！

老板娘大米在店里还单独辟出一块空间，存放着他们从旅行地带回来的宝贝，如果客人喜欢，还可以买下带回家。

尽管吧台狭长，但仍然能够找到最适合的角度，在一杯卡布奇诺的回味时间里，我静静地完成了这幅画。

COFFEE

In-Crowd
Juice
Yogurt
met in the crowd

Coffee In-Crowd
天津 · 和平区重庆道 197 号增 1 门

Coffee In-Crowd

MAP 05 这是我和天津的故事

daidai

说起这家店和这幅画，其实要往前追溯到这一年的夏天。八月的夜晚，在五大道跑步，匆匆一瞥就邂逅了这样一个安静的咖啡馆。白色的砖墙，简洁的配色，安静地隐藏在夏日的静谧中，让人一眼就爱上它。

再次走进这里，已是寒冬，也终于有机会仔细端详每个细节。

设计各异的桌椅，毫无浮夸的色彩；达芬奇的装饰画，老板的创意手绘；一道谷仓门将店铺与操作间间隔，一只麦克风悬垂在侧……每一处装饰都能看到老板对生活的理解，简简单单才是生活的纯粹。

周一吃了闭门羹，周二这天，带着疲惫，本想速速完成画稿回去休息，却意外地跟老板乐爷、老板娘娟儿姐聊了很久。从咖啡馆名字的来历，到书架上的那些画册；从我喜欢的咖啡，到我画过的咖啡馆。

原本应该被随手丢掉的收银条，却因发现上面的一句话而保留下来。

“Make a December to Remember.”

“这句话是会随着每个月份更换吗？”

“我还没想好呢。不过，你是第一个发现这句话的客人。”

现在，这家店在圈子里也小有名气，周末常常满座。我会选择坐在吧台旁，安静地画画。

希望你们到天津时能去那里。

今天喝什么咖啡？

ESPRESSO

意式咖啡

口感丰富，味道浓郁，为花式咖啡的基底。

AMERICANO

美式咖啡

保留咖啡液原有的风味而又不会过于浓烈。

AFFOGATO

阿芙佳朵

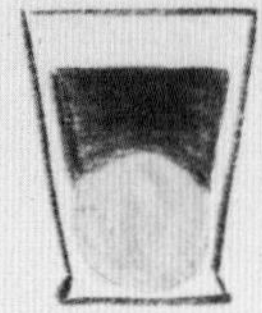

浓缩咖啡浇在冰激凌球上淹没成 Affogato。

FLAT WHITE

澳白

浓度够，奶泡薄，喝起来更滑更顺。

CAPPUCCINO

卡布奇诺

绵密厚实的奶泡使得口感独特，咖啡的香味更突出。

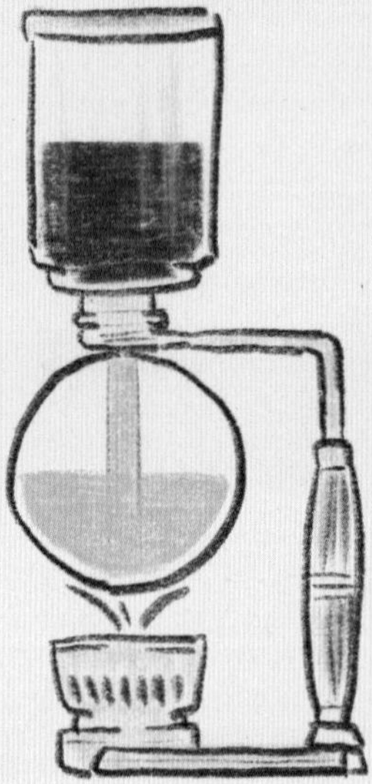

SIPHON COFFEE

虹吸壶煮咖啡

干净、层次丰富、口感浓郁。

PICCOLO

短笛

源自意大利文，乐器里面的短笛。咖啡浓度更高，丝绸般柔滑的口感。

LATTE

拿铁

香甜中带着咖啡的质感。

ICE DRIP COFFEE

冰滴咖啡

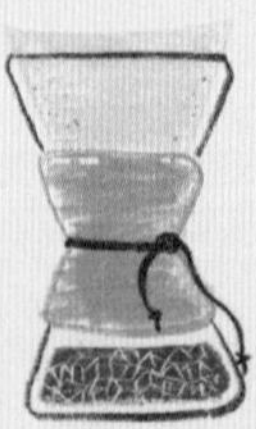

口感更饱满，醇厚度高。

SIPHON COFFEE

手冲咖啡

干净、均衡、层次丰富，风味明显。不同特性的咖啡豆造就了不同的风味。

■ 意式浓缩咖啡
■ 水
□ 奶　▒ 奶泡

2016

—年—

不只是咖啡馆

这么简单

UNDEFINE

MAP 06

无法定义的咖啡馆 Momo

2015 年下半年几乎每个周一我都想往上海跑，喝咖啡、拍照片，有时候画画。

2016 年 1 月去上海闲逛。出发前，问一个在当地从事咖啡业的朋友，她最喜欢哪几家咖啡馆。在她的答案中，Undefine 就是其中一家。

“把咖啡和设计结合在一起的复合形态。”她是这样描述 Undefine 的。

找到 Undefine，一进店就被震撼了。在

TAKE YOUR GIRL UPSTAIRS
BE Er
HONDRAS
FLAT WHITE

层高十米（我猜）的空间内，水泥、金属、木材不羁地混搭着构成了吧台、阁楼以及视线里的其他区域，却一点也不突兀。墙上的小画都是猫咪，那几天在办一个名叫《我爱小猫，小猫爱我》的画展。天呐，这哪是咖啡馆，这分明是展览馆、买手店……

哎，我实在无法定义它。

我最喜欢的区域是角落里的 boy-only barber shop，据说这并不是单纯的摆设，而是接受不定期预约的。我在这个角落斜对面找了个舒服的座位，开始画画。事实上，我手中的小本子，也只够画这一小角。

是的，在这里画画太难了，还是用眼睛看，用嘴巴品味吧。

无法定义，那就不去定义好了。

The Coffee Collective（Torvehallerne 店）

丹麦 哥本哈根 - Vendersgade 6D, 1363 Copenhagen K, Denmark

MAP 07

手绘咖啡馆“全景”初体验 Momo

2016 年春节去了在丹麦哥本哈根的哥哥家。自从喝过他从哥本哈根带回来的 The Coffee Collective 咖啡豆，就对哥本哈根充满向往。

在 The Coffee Collective 喝咖啡最大的好处是，顺便可以去其他摊位买各种美食。因为这家咖啡馆位于 Torvehallerne 市集内。

市集里有几十个售卖精酿啤酒、奶酪、香肠、海鲜、开放式三明治的摊位，室外则有卖鲜花、水果和蔬菜的小摊。又逢周末，所以我看到的是时时刻刻忙碌而充满激情的店员。市井喧嚣，但我依然在此喝到了高水准的咖啡。

最初画咖啡馆时，常常会感叹本子的篇幅无法容纳想画的内容，直到某天看到 Moleskine 和式连页本，才有了“终于可以尽兴去画”的感觉。这是我第一次用连页去展现一家咖啡馆，四连页才勉强将长长的吧台容下。

理所当然地会觉得在这样人满为患的地方画画难为情，可一想到身在旅途中的我不画下来，可能会后悔一辈子，便马上不管三七二十一变成了“厚颜”之徒。在人挤人的店里，手托着本子站着画了两个小时。

真是难忘的回忆啊！

我快画完时有个女生换下围裙从吧台里跑出来，找到画里的自己时，像个孩子一样开心地笑。完成一幅画，且给忙碌的人带去一点快乐，那一刻，我也像吃了顿大餐一样满足呢。

全景图
见文前拉页

Salondeté
Bras

Salón de Té

西班牙 科尔多瓦 - Calle Buen Pastor 13.14003 Cordoba

MAP 08

为了躲雨误闯的中东咖啡馆

daidai

2016年春节，避开人流去了西班牙。爸爸妈妈对我还是挺放纵的，春节外出从来不拦着我，也从来不要求我非要和他们一起过节。这一点上，我真是幸运。我在巴塞罗那落地，然后向南，最后从马德里回国。这次一个人无拘无束，过足了画咖啡馆的瘾。

那一周多是晴雨交替的天气。欧洲的冬天赶上晴天还好，真要是下起雨，简直就是一场灾难。

在科尔多瓦那天，为了躲雨进了一家颇具中东风味的咖啡馆。进去坐定了一搜才知道，这也算是当地排名很靠前的店铺了。当然，其实科尔多瓦本来也不算个大城市，在咖啡馆的类别中可供选择的店铺不多。

店铺貌似刚开门营业，老板大哥正在做着各种开店准备。风雨中冻得瑟瑟发抖的我，凭着一杯热巧克力暖和过来，还快速地画完了这里的线稿。

同时仔细地观察了这个小店：店内的区域蛮大，中庭正中心有个像是暖炉一样的设备，挂有店标的装饰非常有中东特色。四面还有其他几个独立的小区域。

这次虽然使用手掌版的画本，也首次尝试了跨页满屏，描绘特色的同时努力呈现出空间的错落感。

冬天的南欧冷是冷了点，但仍能坐在露天座位围着火炉吃饭。

小雨天，靠着烤炉的感觉特别温暖，饭后一杯咖啡的工夫，就完成了色稿。

MAP
09

假装像当地人一样喝咖啡

Momo

我有一个坏习惯，不知是懒还是念旧，一旦有了心仪的店就一去再去，在旅途中也是如此。仿佛存在这样一家店，这座城市对我来说就别无遗憾了。我离开哥本哈根又来到德国，我去柏林的初衷真的是为了一家叫 Five Elephant 的咖啡馆。

我想，当一个咖啡馆令人着迷时，大概就是散发着让人渴望成为它邻居的魅力。

在国内喝了那么久用 Five Elephant 豆子做的咖啡，终于等到了去柏林这家店喝咖啡的一天。那是农历的大年初一，心情自然是激动的。然而，Five Elephant 远比我想象中

低调，以至于第一天远远地站在街边看到它，不出挑于周围任何一个建筑，那样默默存在着时，心里有点小失落。

“真的是它吗？它可是Five Elephant啊！”但马上，我被一块层次丰富的芝士蛋糕征服了，被一杯像水果牛奶一般的澳白（Flat White）征服了。

就是这样一次次在并不宽裕的旅程里，把心爱的Five Elephant刷了四遍。内心已经从全然“想做这家店的邻居”，变为了“也想做这样的店”。

仔细描述我去Five Elephant喝咖啡的过程大致是这样：

第一次去时，舍不得将时间用来画画，咖啡甜品好好享用一番要紧。那是我吃过最好吃的芝士蛋糕了。

第二次去时，打开画本开始忘情地画。

后来的第三次、第四次，全然已经把自己当成本地的咖啡客了。熟门熟路点完单，找个位置坐下来，不会左顾右盼，只和内心愉快作伴。

在我笔下，它简单质朴；在我心里，它拥有了一切。

COMPANION COFFEE

德国 柏林 - Oranienstr. 24, 10999 Berlin

我在这里！

MAP 10

妙不可言的店中店 Momo

在柏林的街上游荡时，看到一家 Moleskine 本子专卖店就进去了。这里的售价要比国内便宜很多，拿出包里的和式连页本跟店员说想买这样的款式，店员很热情地去拿货。

当她发现我本子上的画都是咖啡馆时，两眼放光地告诉我：“你一定要去我朋友工作的那间咖啡馆，那里非常有趣。”说完还把名字写给了我。

“Companion Oranienstrabe Voo Store” 她写了这个店名在纸条上。咖啡馆 Companion 在 Oranienstrabe 街上的 Voo Store 设计集合商店里。

抱着看看被当地人说有趣的咖啡馆究竟是什么样的心理，我在离开柏林之前去了那里。

Oranienstrabe 看起来是个异域文化的交杂区，聚集了很多餐厅、酒吧和小店，每

最后转战这里！

家都是个性十足。好不容易才找到了 Voo Store，原来它不是沿街的店面，而是藏在一个庭院里。虽然隐蔽，但进门发现里面真是别有洞天呢！设计感很强的服饰鞋包、书籍杂志、香水墨镜，被错落有致地陈列在店内，与之气质相投的人们在选购着自己的心头好。

大家都是来享受购物乐趣的吧，特地来喝咖啡的恐怕就只有我了。Companion Coffee 在进门左转上台阶的角落里。整体黑色的咖啡馆里，有几抹植物的绿点缀其中，简约低调，可又别具匠心。

和我一样在咖啡香里看设计逛店后，坐下来喝一杯的人络绎不绝。我坐在那张一眼看中的水泥桌边，专为放杂志而设计的槽里有几本有趣的杂志。借着巨大落地窗射进来的好光线，我开始翻杂志。此时，咖啡也被端了上来。

“好好喝啊！”我呷了一口咖啡后发出感叹。是的，本来对集合商店里的咖啡品质并没有抱什么期望，结果这杯咖啡却远远超乎了我的意料。

咖啡、光线、音乐和心情都促使我决定，今天要画一幅大的。我不仅要画隐于市的咖啡馆，还要把与它不可分离的集合商店也一起画进去。

打开画本，欣然接受不断有人闯入画面。

和我一样旅行至此的情侣、推着婴儿车看书的妈妈、结伴来购物的闺蜜、忙碌又随时准备提供服务的店员，都成为连页里的一部分。期间，走上台阶来喝咖啡的人也越来越多，我不得已把桌子让给了新来的客人，自己坐在一张小板凳上继续画画，最后又转战地上才收笔。

嗨，眼前的这家咖啡馆以及它所在的集合商店，可不就是这个街区的缩影吗？生活在附近的人是幸福的，短暂的旅行可以碰巧找到这里的我，又何尝不是碰到了妙不可言的运气。

KINFOLK

THE BARN
德国 柏林
Schoen hauser Allee 8.10119 Berlin

MAP
11

意外的福利

Momo

因为画画的关系，有时会得到店主请的咖啡或小礼物。最夸张的一次是在柏林的The Barn，被送了三杯咖啡和一个环保袋，不把老板画帅一点都觉得对不起他了。

在 The Barn 一直画到了满座的客人一一离开，员工们开始收拾桌椅打烊，这样的“敬业”当然不是福利的关系，是我真的喜欢这里呢！

每家心仪的咖啡馆都为柏林这座城市在我心里的印象添了重要一笔，最后让我深深地迷上了这里。

Bonanza Coffee Heroes
德国 柏林
Oderberger Strasse 35. 10435. Berlin

MAP 12

如果柏林没有那么远

Momo

在猫途鹰（TripAdvisor）上查了查柏林还有哪些好喝的咖啡，最后选了评价很好的Bonanza Coffee Heroes。

“啊啊啊，原来是你啊！”我惊呼这不就是常常在社交媒体上看到的，自己很喜欢的那家吗？！到达时的激动简直溢于言表。

因为去的时候并没有很多客人，很幸运地找到了右手边靠墙的座位。音箱里放着好听的民谣，我怀着一种分不清是在梦里抑或是现实的感觉，仔细看着四周，看着咖啡师和客人们。有一面墙是出品意式咖啡的吧台外加收银用，有一面墙挂着国内很少看到的独立杂志，有一面墙放满了自家烘焙的咖啡豆，第四面墙就是我自己所在的这边。而被这些围在正中间的是手冲吧台，短发的女咖啡师拿磨豆机磨完豆子后，用可以控制水流的热水龙头做滴滤咖啡。站在咖啡机前的咖啡师留着胡子，更像是个艺术家。

很快，我拿到了属于我的澳白，是我喜欢的风格——浓郁而醇厚。

时值冬天，客人们都在室内取暖，狗狗都趴在主人垫在地上的衣服上睡着觉。如果是夏天，门口的座位一定也会坐满人。我也多么想在夏天回到柏林，去赶 Mauer Park Flea Market 的人潮，再来 Bonanza 喝一杯咖啡。哦，可是我现在还未曾离开呢。

临走时没有忘记买 Bonanza 的豆子，但是柏林的丰富闲适与友好我却无法一并带走。

到柏林后，发现吸引我的何止一家咖啡馆！如果柏林没有那么远……

只完成了勾线的作品 / 默默

MAP 13

城市里的美好一隅 Momo

提起挪威，大部分人都会想到峡谷。而对当时的我来说，小小一家咖啡馆比闻名于世的大峡谷更有吸引力，于是在这座随处都可以拍出明信片的美丽小城——卑尔根，却也不忘探索咖啡馆。一位热心的朋友听说我要去，让我住在他朋友的朋友家里。并不出乎意料的是住在当地人家里所体验到的亲切，比起奥斯陆的走马观花，更加打动我。

机缘巧合的这两天里，心满意足地画下了一家叫作 kaffe misjonen 的咖啡馆。

kaffe misjonen 散发着斯堪的纳维亚风格的简约之美，蓝色墙壁，黑白地砖，金属感

吊灯线条优美。这里售卖方便人们在家制作手冲咖啡的各种咖啡器具，比如小型电动磨豆机、手摇磨豆机、分享壶、V60 滤杯、爱乐压等，也卖来自如 Jacu、Tim Wendelboe 和 Kaffa 等著名烘焙商的咖啡豆。摆在这些商品最上面的是咖啡师在各类比赛中的奖杯。也就是说，你不但在这儿可以喝到好咖啡，还能得到如何在家做出一杯好咖啡的建议。

再看这里的人们：吧台里，咖啡师不紧不慢、优雅地做着手冲咖啡；窗口坐的都是独行者，看报或上网；更里面的座位，三三两两的当地人在聊天。我则坐在落地窗的卡座，简直是完美的绘画视角。

窗外是一条有着缓缓坡度的石头路、挪威色彩艳丽的老建筑和将自己包裹得严严实实的行人。就这样转身，从吧台画到卡座，从卡座画到街景。

也是从这一次开始，我渐渐发现一家咖啡馆的装修风格及种种细节，窗外的街景，咖啡师举手投足的气质，无不体现着这座城市的风貌。某种程度上，我正在写生这座城市呀！

kaffemisjonen
M-F 730-20 L-S 10-20

MAP 14

捡来的咖啡时间 Momo

我乘芬兰航空从奥斯陆回国，要在赫尔辛基转机，转机时间虽然只有一个白天，但仍想喝一杯咖啡。听说一个芬兰人平均每天要喝 2.6 杯咖啡呢，于是想看一眼这个咖啡消费量占全球首位的国家的咖啡馆。就这样去了赫尔辛基的 Kaffa Roastery。

黑暗又寒冷的漫长冬季还未结束，潮湿的地面告诉我这里刚下过雨，有些店铺没有开门，人们神情严肃而匆匆，最有活力的要数一辆辆黄绿色的有轨电车。

“萧条啊。”我因为来错了季节而轻轻叹息。但转念一想，反正这十个小时是“捡”来的，便没那么遗憾了。

来到潮人聚集的红山区，路过了几家中古家居店、二手艺术书店，终于停在了要找的门牌号前，红色砖墙建筑，旧旧的木门里便是 Kaffa Roastery。招牌标识是醒目的黄底，上面有咖啡树的黑色剪影，让人记忆深刻。店铺分为三部分，分别是透明玻璃隔开的烘焙区、长长的吧台操作区和客人区。为我点单的咖啡师是个黄皮肤的大胡子男人，发型是当时流行的丸子头。话不多，酷酷的，像个艺术家。

很快，我的澳白被端了上来，盛在芬兰

KAFFA ROASTERY

芬兰 赫尔辛基 · Pursimiehenkatu 29,Helsinki 00150

国宝级陶瓷品牌 Arabia 的杯碟中。咖啡的味道，配得起令我小心翼翼生怕打碎的咖啡杯。无论是店铺设计还是咖啡口感，都让我感到了这家店在街边默默分享芬兰咖啡文化的诚意。我放下咖啡杯，打开画本。本来想画的上半部分是吧台，然后倒转一下把烘焙区画在下半部分，这样才是完整的 Kaffa Roastery。但因为时间紧张，只画了一半，就要匆匆去赶飞机了。

从芬兰带回了几样东西，这家店的咖啡豆必不可少啊！

遇·咖啡馆

辽宁沈阳·和平区八纬路连珍巷1号

MAP 15

收留表姑猫咪的咖啡馆

daidai

“五一”没回沈阳，所以赶在节后陪爸爸妈妈过了个周末。附近巷子口的一家咖啡馆，除了老板自己的猫在店里，还收养了表姑家的猫咪“神神”，我经常去看她。尤其喜欢夏天的时候，坐在院子里，喝着咖啡，撸着猫。

店铺是一层临街的门市房，老式居民楼改造的店面，属于那种旧旧挤挤八十年代家里的感觉。有一点点昏暗，每个房间的墙上都是老板收藏的各式旧海报。

MEET CAFE
MEET
cafe
遇

幸福里

辽宁沈阳·和平区八纬路75号（近南三八里小区北）

MAP 16

沈阳的第一家独立咖啡馆

daidai

老杨，金牛座，曾经是影视圈人，现在是幸福里咖啡馆老板。

在这个城市的咖啡圈子里，老杨最得意的事情之一，即幸福里是沈阳第一家独立咖啡馆。

摄影和收集老物件，是老杨的众多爱好之一，并且在幸福里咖啡馆体现得淋漓尽致，一整面墙的摄影作品，和另外一整面墙的电影海报。店铺的展示区域摆放着老式电影放映机、古董相机，东南亚和非洲一些国家的特色乐器。

门口写了一句挺有意思的话：“我们这里没有最低消费，但每个人的手中要有一杯饮品。”老杨说，真的有人只点一杯咖啡就坐一个下午，不过没关系，有人喜欢在店里坐着，他就很开心。

PARIS
CAFÉ
CAFE
happiness
COFFEE

FIVE ELEPHANT 五象

四川成都 成华区双桥路 151 号附 13 号

MAP 17

在成都遇见柏林 Momo

2016年夏末，我从拉萨飞到成都住进了九眼桥的民宿。出门左拐就是冒猪脑，右拐是咖啡面包。我就像老鼠掉进了米缸里。

作为曾在柏林四刷 Five Elephant 的脑残粉，来到成都必然要喝一喝刚开业不久的“五象”了。是的，这便是柏林 Five Elephant 的“中文版”直营店。墙上如出一辙的蓝色咖啡地图让我怀疑自己是不是回到了柏林。

经过咖啡荒的西藏之旅，当喝到 Five

Elephant 的澳白时，觉得自己的身体和脑细胞再次复活了，久旱逢甘露般畅快，感觉太棒了。又喝了一杯好喝的手冲危地马拉后，我伏在小圆桌上开始画画。

现场画了线稿，旅行结束后才上的色，或许用水彩有点紧张，就成了你看到的不太完美的样子。中间那个我唯一没有上色的背影是这家店的老板。她一头短发，一袭军绿迷彩大衣，背着一只环保布袋，干净干练的样子。如果不是店员告知，完全看不出她是老板。无论如何，谢谢她，把这么好的咖啡带回了中国。

走出五象，游荡在成都街头，突然觉得成都和柏林有点相像，随性、丰富、多元，让人有不断探索的欲望。新旧建筑的混合，四通八达的地铁线路，蓬勃个性的小店随处可见，有许许多多的各地美食，以及相对其他大城市的低物价。

当然，还因为有我们都喜欢的，好咖啡。

THE SENSE
四川成都 · 锦江区宏济中路 194 号

MAP 18

在“家”附近的咖啡馆吃早餐

Momo

几次异国旅行让我喜欢上了民宿，喜欢住在当地人家里，喜欢他们分享的居家空间、食物和关于这座城市的印象。好像我在那里也有一个家，一个我在外面逛累了可以随时回来的温暖的窝。

这回来到成都是我第一次住国内的民宿，这是九眼桥的一个普通小区。我在成都的“家”是个两室一厅的小居室，简简单单，却很温馨。房东 Yingying 是一个可爱的九零后女生。当她得知我想去成都的咖啡馆，就极力推荐我去离家最近的 The Sense。

“一出小区门右拐五十米，我的早餐经常是那里的咖啡加面包。”

“我正想去那里呢！”来之前我在网上做了一点功课，The Sense 的环境很吸引我。“那我们明天一起去 The Sense 吃早餐吧？”

这样一约好，第二天就有了早起的动力。早晨九点醒来，和隔壁房间的 Yingying 一起去了 The Sense。

The Sense 的中文唤作“醒食”。如同制作面包时需要“醒”的过程，我和一座城市、一间咖啡馆也有了一段“醒”的时间。

店铺空间虽不大，但每个角落都很吸引人。暖黄的灯光下，几何图案的拼木吧台十分夺目，各式诱人的面包摆满了展示柜，咖啡机和磨豆机都是黑色，椅子是我很喜欢的丹麦家居品牌 HAY 出品。

这个时间来吃面包喝咖啡的都是附近居民，和我们一样左手面包右手咖啡。Yingying 坐在我左侧，和我分享了她在这里常吃的面包。然后我打开画本画下了这家社区咖啡馆，一个寻常而安静美好的早晨。

THE SEN

la Marzocco

小食
無早

MAP 19

慢下来 Momo

无早小食

四川成都·锦江区青莲上街62号

离开成都前无论如何想去一次的店大概就是无早了。

在青莲上街的路口，笨笨的我来回几趟才依着门牌号找到。无早分为两部分，右手是独立书店，左手为无早小食。无早小食门口停着一辆倒斗自行车，这个来自哥本哈根自由城克里斯钦尼亚 (Christiania) 的家伙跟无早的气质倒也格外契合呢！

参差却有序的器皿，敦实低调的实木桌椅，微小精致的绿植，安静地摆放在架上的杂志，员工们闲下来看看书或安静地整理店内的陈列。“哇，这应该就是日本小店的样子吧！”无早的细节不可能是一天完成的，而是一日日慢慢丰盈起来的。这样在时间里成长起来的店，真的分外可爱。

一个有着独特气场的空间，除了本身散发与众不同的气质外，它还会感染每一位访客。在这里，大家会不自觉地把声音压低，低头看书或轻声按下快门，不忍心打破这份好像来自内心深处的宁静。

我突然嗅到了松饼的香气。

是的，我点的小红莓松饼被端了上来。从上至下分别是三颗小红莓，第一层的鲜奶油打发得恰到好处，下面两层的松饼蓬松柔软，松饼内部是新鲜熬制的小红莓酱。虽然想以“无早”的气质——慢慢地、优雅地吃，无奈奶油会流下来，所以松饼以很快的速度消失了。回想一路西行，想吃甜品而不得的我，终于在最后一站得偿所愿，心满意足。

后来我在家里试着做这款松饼，却怎么也做不出那天吃到的味道。

Energy Coffee

江苏苏州·姑苏区悬桥巷60-3号

MAP 20

与城市的对话 Momo

当我回归旅人的身份在陌生的城市推开一家咖啡馆的门，择窗边长椅坐下，打开画本，我和这家店的对话便开始了。

从 Energy Coffee 的落地窗望出去，是苏式老房子，夏日的蓝天，不知年份的树，和日复一日来来往往的当地人。

不管是小时候与家人一起游园林，还是毕业时与朋友的探索美食之旅，苏州在我印象中，都不曾像此刻一样简单而宁静。

我和这座城市的对话也透过这家小小的咖啡馆的窗户进行着，沉默不语。

苏州有汤包的甜，也有咖啡的苦。

全景图
见文后拉页
053

nude
espresso
ESPRESSO
EAST BLEND
40% GUATEMALA
60% BRAZIL
-CHOCOLATE.
DRIED FRUIT.
HAZELNUT.
V60
SAMII
BIFTU
GICHATHA
nude
nude
espresso

MAP 21

暴走后的治愈地

daidai

nude espresso
英国伦敦 · 26 Hanbury Street, London E1 6QR

为了去旅行，每次休假前都很忙，除了出差还是出差。好在是去心心念的地方。伦敦像是咖啡重症患者的天堂，不负责治疗，只会让人越陷越深。

初到伦敦的这一天对各大区完全没有概念，在当地志愿者导游的带领下，最先逛了东区的街头涂鸦。据说周日上午是逛东区的最佳时段。又因为是周日，所以很多集市和店铺楼宇间都人流不断，暴走过后就寻了一家看起来还不错的咖啡馆。

坐下才知道这是附近相当出名的独立咖啡馆，使用自家烘焙的咖啡豆。店里人很多，咖啡师很忙碌，我就坐在吧台的对面，一杯咖啡还没喝完，赶紧动笔画起来。

就快要画完的时候，视野中的金发姑娘刚好忙完手里的工作，跑来拍照留念。

RABOT 1745

英国伦敦 · 2-4 Bedale Street, Borough Market, London

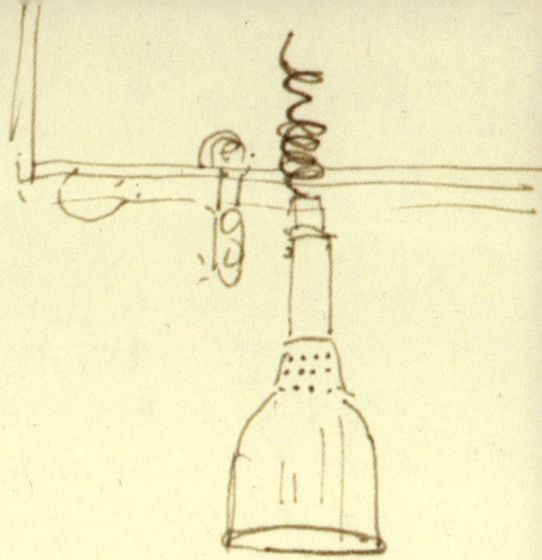

MAP 22

这里除了咖啡，
还有好吃的巧克力

daida

博罗市场（Borough Market）是伦敦最出名的市集，距离河边的景点都不太远，只是我们顺路走过来时市集已接近收工了。

心仪的咖啡馆 MONMOUTH 座无虚席，附近的人都是拿着外带杯站在旁边。失落之间，我们误打误撞寻到了这一家，除了咖啡，还有获过大奖的巧克力。

2-4 BEDALE ST
LC

这家店还提供餐食和下午茶，最近所获的奖项是 “Best in Europe” Design Award 2016。

店内的灯光有些昏暗，墙上的装饰好像是成袋的可可豆。一块独立的区域专门出售巧克力，原来不只咖啡豆，可可豆也是分产区和等级的，巧克力成品的酸度和风味也会因产区不同而呈现不同的特点。

TODAY'S
ESPRESSO
SQUARE MILE
RED BRICK
WORKSHOP COFFEE

SPRING ESPRESSO
英国约克 · 45 Fossgate,York YO 19TF

MAP 23

巨大的店招恍若骑士勋章

daidai

在我喜欢的英国城市中，约克排第三。这里跟我想象的英国小镇一模一样，砖红色的小楼一栋挨着一栋，像童话里的设定。

我们爬了教堂，看了五姐妹窗，沿着古老城墙拾级而上，每走一段，就像是读了一段约克的历史。

城中闲晃之余搜到了这家评价颇为引人注意的店。好遗憾，因为街道很窄，连店铺外貌的全景都没有拍到。很喜欢这里巨大的店招，有种古代骑士勋章的感觉。

再仔细观察店内，这家店的咖啡师在2012年和2014年都获得了英国咖啡师锦标赛的冠军，刚好解释了手中这杯澳白为何有如此绵密发亮的奶泡了。

在现场画画时能够得到咖啡师或者店员的关注是特别开心的事。这次也不例外。

RIGHTEOUS & TRUE SINCE 2006

SPRING

ESPRESSO

SPIN AND ROLL

2017
-年-

咖啡馆里

有奇妙的

相遇

K17 COFFEEBAR
浙江嘉兴·南湖区少年南路竹篱弄25号

K17

MAP 24

我的故乡有这么一间咖啡馆 Momo

在大城市待了很多年再回到属于我的故乡小城——嘉兴，最大的不适感是没有合心意的咖啡馆。后来，我很幸运地在市区不知名的小巷里找到了K17。

至此，生活回到了有好咖啡馆陪伴的状态，心情便也舒畅了起来。菜单上没有的澳白我每次必点，老板亲手剥好的柚子肉也会分享给我……

对于喜欢的咖啡馆，总是有这样矛盾的心情：既希望每次都能随心所欲地坐在“御用”位置，又高兴见到“今天生意真好”的景象。

我在那里享受了一个秋季和一个冬季的咖啡后，终于拿起画笔画下了它。

重回故乡，还可以有一家喜欢的咖啡馆随时能去，令我多了一份归属感。我已然把这里设成了自己的会客厅，从外地来看我的朋友除了到我的小家，就是K17 Coffeebar。

“这是嘉兴最好玩的两个地方。”我很认真地对来嘉兴找我玩的朋友说。所在的小城有这样一家咖啡馆，真是件让我意外却暗自庆幸的事。

咖啡
E61
只为喝杯好咖啡

MAP 25 如岁月般柔软微甜 Momo

像亲眼见证了一个孩子出生、说话、走路一样，三花屋是我看着它一点点开起来的店呢！

“我们打算在杭州开个工作室。”2015 年 12 月初，好朋友四月来找我玩时轻轻跟我说。

“真的吗，开在哪里？”

“在装修了，上绍路。”

“这么快！啊，太好了！”

就好像我知道她有一个叫“三花屋”的“孩子”马上要诞生了，简直惊喜万分！

12 月底我去杭州，住在四月家，三花屋还是一片工地。2017 年 1 月我再去杭州时，四月搬家了，我住在她的新家。那时三花屋已经有蛋糕和咖啡了，但还没正式营业，因为水槽的水管漏水，吊灯还没有装齐，吧台的木板还没订，厕所也还没有门。3 月我又去，三花屋已经是对外营业了半个月的可爱小店。

三花屋就是这样一点点成长起来的，像个孩子。

要说起来，和四月之间的缘分便是从甜品和咖啡开始的。最初是我去她工作的甜品工作室吃甜品、喝咖啡，到后来她常来我在的咖啡馆喝咖啡、吃甜品，如今又变成了我去她自己的工作室吃甜品、喝咖啡。就在这样来来去去喝咖啡和吃甜品的时光里，我们各自在人生中的角色也悄悄发生着变化。只要我们都在做自己，变化有时候不是坏事啊！

我可以保证，没有女生不喜欢三花屋。

春天里，在三花屋吃一切用草莓点缀的甜点：可可草莓卷、卡仕达莓果挞、草莓戚风蛋糕、草莓乳酪慕斯……不能自已地期待着夏天、秋天、冬天。

岁月般微甜的三花屋，真是无法不令人神往。

三花屋

浙江 杭州 · 拱墅区上绍路 46 号

MAP 26 把口味交给咖啡师吧

daidai

除了“十一”长假我还喜欢春节，只有在这两个假期中才能长途跋涉地去往世界的各个角落。如果选一个国家一个城市生活，我真的会选澳大利亚的墨尔本。我太喜欢这里了。

墨尔本的独立咖啡馆有上百家，不论何种类型的榜单，都少不了 Seven Seeds。这家 2012 年度的最佳咖啡馆，是所有咖啡爱好者到墨尔本的必去之地。店铺坐落于墨尔本大学法学院后身的一条街上，有前后两个门，与许多其他优质的咖啡馆类似，从外面看起来非常不起眼，走进去就豁然开朗。

店内的环境类似旧厂房改造，保留了原来的空间结构，有大厅的公共区域，也有小

型隔断的房间。厂房的结构令屋内采光充足，墙面还悬挂着自行车。超长的吧台展示着所有咖啡出品的全过程，为了画画并且更好地观察，我就选了直面吧台的座位。

虽然很喜欢咖啡，但也处在学习的初级阶段，到了一家店常搞不清楚自己要喝哪一款。幸运的是墨尔本咖啡馆的水平好得平均，喝到的咖啡都很棒。通常，墨尔本的咖啡馆只提供黑咖啡和奶咖两种，只要具体描述出自己喜欢的口味，咖啡师推荐的款式都会让人满意到心里。高挑的屋顶带来了自然光的愉悦，有力的背景乐却不会显得过于嘈杂。澳白圆满了一个惬意的午后时光。

THE KETTLE BLACK CAFÉ
澳大利亚 墨尔本
50 Albert Rd Melbourne, VIC 3205

The Kettle Black

MAP 27

只为咖啡跑来墨尔本

daidai

整个世界都在感概墨尔本拥有全球最好的精品咖啡馆和最好喝的咖啡。这是我决定来这座城市的初衷。

走到艾伯特这条街上，一眼就能看到这栋白色建筑。The Kettle Black 在一栋摩天大楼的脚下，合并了维多利亚时期的经典元素，装饰极简，优雅温暖，是一家融合现代与古典的新派咖啡馆。室内的装修偏于北欧风格，淡绿色、白色和软木色的交织，让人惬意，有居家感。

一大早就过来把菜单研究了个遍，手冲咖啡的豆子来自本地烘培商 Market Lane 和 Small Batch。一杯卢旺达马拉巴手冲，有着西梅和梅子清新的水果香气，搭配装饰了可食用花朵的鲷鱼汉堡。在口感和新鲜度指数颇高的基础上，又非常赏心悦目，有种不拍照都对不起盘中餐的感觉。

可是没能吃到招牌人气每桌必点的热蛋糕（Hot Cake）总是有些不甘心，最终是在逛了维多利亚皇家植物园后又来到这里，用美好的下午茶结束了这次探店。

AUCTION ROOMS
澳大利亚 墨尔本
103-107 Errol Street,North Melbourne, VIC 3051

Auction Rooms

MAP 28

好店都不在主街上

daidai

墨尔本人的一天，是从一杯咖啡开始的。

又是一天，踩着清晨的阳光来到了北墨尔本，在市政厅的斜对面就是这家 Auction Rooms。外表看来特别不起眼，蓝色砖墙上记录着房屋的历史“EST. 1864”，外墙斑驳得有些破烂，甚至就是废旧房屋的模样。但千万不要小看了这家曾经占据十佳榜首的咖啡馆，从奶咖到手冲滴滤，无一不体现出经营者的用心。

循着咖啡的香气走进大气、别致的店铺。尽管店内的墙壁也都透着岁月的痕迹，但仔细观察就会发现设计者匠心独运。室内空间宽敞有层次，木制结构为主要架构。房屋后面还有个小阳光房，一棵树在其中，偶尔还有小鸟来拜访。在阳光花房和临街张望之间纠结过后，选择了临近吧台的区域坐下，用一份兼顾营养与美貌的早午餐和当日滴滤咖啡搭配出惬意的画面。

忘了哪里看到过的一句话，“其实好店都不在主街道上”，在墨尔本的咖啡馆，刚好应验。

Joe Black Café
澳大利亚 悉尼
27 Commonwealth Street, Sydney, NSW

MAP 29 下次还会去的咖啡馆 daidai

避开 CBD 上班人流，我从猫途鹰上找到这家藏在小街道的店，很是喜欢。

看装修装饰，店铺开了很多年，估计也因此培养了一批老顾客。非常有意思的是，老板看到我在窗边画画不忍打搅，直到我画好放下笔，才来找我聊天，还带我去看店铺后面的闲置空间，他说想做个创意空间，希望我下次再去那里的时候，能够看到理想中的新空间。

APF. KAFE
广东广州
天河区华康街 42 号底铺

MAP 30

APF.KAFE

难道好店都藏在巷子里？

daidai

在广州也能喝到墨尔本的味道，这是一家蛮难找的店，深藏在小区里，居民楼的底商。

刚好去广州出差，下了班赶紧跑过去，听说意式咖啡是出自老板之手的拼配，奶咖也只有一种。看起来老板像是受澳式咖啡的影响，店里手冲咖啡的单品豆子也都是来自墨尔本的 Seven Seeds。

整个店铺是白色基调，主打性冷淡风，店员好像也属于冷淡系的。

环顾四周，看起来真正来喝咖啡的不多，拍照打卡的占了多数。一杯咖啡的光景，在角落里完成了一幅小画。

面包会有的

北京

朝阳区幸福村中路杰座大厦底商

MAP 31

最有趣的人都在这里

这家店距离北京的三里屯只有几分钟步程。这里其实不能算是真正意义的咖啡馆，可是专门做面包的店偏偏美式咖啡特别好喝。不过老板说了，面包卖完的时候，这里就是咖啡馆。

现在楼上又有了床，变成了真正意义上的 B&B（Bed and Breakfast）了呢！

大小咖啡
北京·东城区沙滩后街 16号

MAP 32

小空间大作为

daidai

北京这家店铺曾在朋友圈中红了一阵子，主因是改造了胡同里的老房子，超迷你空间内尽情享受咖啡师与顾客的舒适距离。那时候，这家咖啡馆位于香饵胡同 78 号。

为探店我前后来了两次。因为店铺实在是太迷你，第一次去是在周末，根本没有机会画画。后来，能够在平日的白天前往，才有了这幅随笔。

那天当班的咖啡小哥还问我以后会不会上色，现在我特别想拿着这幅画去给他看。不过很可惜，这家 2016 年才开不久的店铺已经不存在了，另外两家店分别是国贸店、故宫店。

大

CAFE
ONAIR

CAFE
ONAIR

MAP 33

咖啡师去哪里喝咖啡？ Momo

论咖啡馆的数量和质量，国内没有哪座城市可以媲美上海。我知道自己探店的速度远不及咖啡馆兴起的速度，便也泰然了。每次到上海停留短则一两天，多则三四天，总能发现一两家有意思的店，也有让我把它们画下来的冲动。

Onirii 的咖啡师阿钊向我推荐了离自己店不远的 CafeONAIR，这已经不是第一次听他推荐这家店了。所以决定去看一看咖啡师闲时爱去的咖啡馆究竟是什么样子？

“它在小巷子里，不太好找，能找到吗？”刚到 CafeONAIR 门口，就收到阿钊的信息。

“找到啦。”这点难度哪能难倒我？虽然在自己的城市常常是路痴，但到了别的城市，一个人时可厉害了。

第一眼见到 CafeONAIR 时，它像在哥本哈根时我去过并十分喜爱的 Kent Kaffe。狭长的空间极富有纵深感，桌椅高低错落。从不醒目的门走进这个美丽新世界，会令人从心里冒出一个“哇”字。

这里虽没有 Kent Kaffe 耀眼的红色咖啡果墙绘，但是窗外的景色成了一幅巨大的天然画。砖红色的老洋房、绿色的树、草地、蓝天都在画里，它们随着时间变换自动调节亮度和色温，并带着树木和青草香气。

我没有先来的女生们幸运，她们已经占据了所有窗口的位置。我退一步找了一张圆桌，它的大小足够我享用咖啡和摊开画本。吧台里白净的短发男人在和两个咖啡爱好者谈论咖啡。我将这一切正在发生的事连同窗外的风景一起画进了画本。

又有人推开 CafeONAIR 的大门。这一扇门隔开了城市的喧嚣与遗世的静好。我啜一口咖啡，心里莫名有些感动。

CafeONAIR（淮海路店）
上海·黄浦区淮海中路 650 弄 634 号（650 号铁门进入直行到底右转）

CafeONAIR（利西店）
上海·长宁区利西路 102 号 B

MAP 34 这一次，它隐藏在社区小巷里 Momo

在喜欢的 CafeONAIR 淮海路店画了画以后，就认识了老板 Leo——画里面，那位在吧台冲咖啡的大男孩。我对这里的喜欢溢于言表，而他也流露出对我手绘的欣赏。

炎热的八月，周末的午后。凉爽的店内，两位男生抱着笔记本在门口的大桌子前讨论，独行的女生在吧台与咖啡师聊天，也不乏我和 Maggie 这样的闺蜜三三两两来这里聊天的。店内的惬意与外面骄阳似火的夏天，仿佛是两个世界。

利西店隐藏在社区与社区的街道上，门面也很隐蔽，和淮海路店一样的难找。没有了窗外令人神往的景色，却无法阻挡客人们来喝咖啡的脚步，还有金发碧眼的老外。

一家咖啡馆最吸引人的是人，不是吗？

Leo 还是亲自在吧台做咖啡，完全没有老板的架子，店员们彬彬有礼，客人们自己照顾自己。

这样的 CafeONAIR，一定会开出第三家店、第四家店……让我们拭目以待吧！

全景图
见文后拉页
081

GRIFFIN COFFEE
KNOW Coffee
Milk Foam
MILK
ESPRESSO
Cafe Latte
Espresso
Cuppuccino
Flat White
Cappuccino
Latto
Mocha Latte
Macchiato

GRIFFIN COFFEE
上海 · 徐汇区永康路 84 号

MAP 35

被误会为卖自行车的咖啡馆

daida

上海是我格外偏爱的出差地，那里有逛不完的咖啡馆。隔段时间不来，就会在那些熟悉的道路上发现一个新的可爱店铺。但我仍会首选已经有些年头的“老店”，毕竟时间也是对一家店铺考量的维度。

上海的永康路，有三家咖啡馆被咖啡迷戏称“永康三少”，它们分别是 GRIFFIN COFFEE、Beautiful Concept、Café del Volcán。Café del Volcán 是我个人咖啡馆之旅上海站的起点，而默默也心有灵犀地记录了这家店，所以这段故事会在后面的篇章与默默一起用画面讲述。

这次先讲述我造访 GRIFFIN COFFEE 的经历，这是一个很酷的店铺，像是个与自行车有关的主题咖啡馆。

两侧的墙壁上方都悬挂着公路赛专用自行车和成套的相关工具，看起来就很高级的那种。

MAP 36

"永康三少"完结篇

daidai

Beautiful Concept 是咖啡馆之旅中上海"永康三少"篇的收尾。

画人物很难，我特别不擅长，经常画好了场景，却因为勾勒人物而影响了整幅作品。

这是当时现场的画稿，可是回来越看越觉得不合适，于是就在上色时做了个小手脚。

虽然很多画稿还是粗糙的线条留在日记本上，却能在日后翻开时清晰地记得那时那景和当时的心情。

Momo × daidai

Coffee

自 2015 年一别，我们一直都没有机会再聚，2017 年终于再次相见了。这次我们约在无锡，是默默挑选的咖啡馆，我们一起喝咖啡、画画。因为去了一间可爱的咖啡馆，关于无锡的记忆又添了一份美好。

研途咖啡馆

江苏 无锡・梁溪区健康路健康里荣耀花园 18-3号（近学前街和健康路）

MAP 37

咖啡馆里的有趣瞬间

daida

一些机缘巧合，终于能跟默默见上一面，我们约在了无锡。

难得她时间充裕，于是我们一起去喝咖啡，一起画画。店铺深藏在小区里，门面看起来不太显眼，但是有很特别的多肉植物。印象中没有明显的中文店标，大幅玻璃窗上写着“On My Way”，算是匹配了中文店名，“我们应该适当地停一停，再出发，沿途的风景也很美。”

这是默默选的店，她说店内的布置有了些变化，不过还是一样的好看。吧台前和墙边的角落，分别都辟出了一块空间，类似于展台。

店内的其他角落也都布置得非常用心。刚好是芍药的季节，所以画了侧面的展台，捎上了几朵花。

默默（左）和岱岱（右）的第一张合影

一起画画

MAP 37

想在这里做一名咖啡师 Momo

几年前，因为住了一家喜欢的青年旅舍，所以对无锡念念不忘。几年后，因为去了一间可爱的咖啡馆，关于无锡的记忆又添了一份美好。On My Way（研途），名字就很棒啊，对不对？

而在研途坐下来，喝着咖啡时，除了想画它，不止一次闪现这样一个奇怪的念头：“在附近住下来，然后来这里做一名咖啡师，也不错啊！”

我想这大概是我对一家店最质朴的爱了吧！

研途有两只猫，我画画时，一只在柜子上睡醒了给自己“梳洗”，一只像国王一样傲慢地踱来踱去四处巡视。有猫在的咖啡馆曾是“谋杀”我菲林的地方，开始画画以后，它们往往莫名其妙成了画面的“主角”。

有时并不是故意，但会“偷听”到邻桌的对话，两个女生在聊生活。

“做自己喜欢的事”。一个女生说。

“是呢！”我一边画一边在心里点头，我也在做自己喜欢的事啊。

咖啡馆的有趣瞬间，真是格外入画。

全景图
见文后拉页

Room 939 Bakery&Café

江苏 无锡 · 滨湖区长江北路 28-19号（万科东郡入口旁）

MAP 38

姐妹俩的咖啡与面包 Momo daidai

很幸运能在出差地找到适合自己胃的餐馆，尤其是面包店，幸福感攀升。

这是隐藏在无锡某社区门口的一家小店，不临街，不引人注意。店面宽敞明亮，整体色调是温暖的木色，也是日系风格。面包的柜台和吧台衔接，两个大大的面包展示台上都是当天出炉的新鲜面包。

来来往往的客人中，看得出大多数是小区内居民，只有少数是像我们这样专门寻着店名来吃饭的。问起店名的来历，店主说这是她们姐妹俩在日本留学生活期间的门牌号，因为十分怀念那边的日子，于是干脆起名为Room 939。

我和默默一起去了这家店，她来画，我来写，于是就有了这样的组合作品——文/岱岱 & 图/默默。

这里的一切都好喜欢啊。从布局到摆设
主人到客人，从美式到浓汤还有面包
着画完了画。心里想的是，当然如果
楼下也有这样一家店。该有多好

默默

岱岱

MAP
39

谁说咖啡在广州难卖？

Momo

2017的夏天，我从广州出发，到澳门和香港，正好有时间好好探探店。我先去了广州一家名为LOCK CHUCK的咖啡馆。

出了区庄地铁站右拐，在犀牛路上没走几步就可以看到印着“LOCK CHUCK”几个英文字的大旗帜，以及多得要坐到门外的客人。看到这里一位难求，我想起了前两年有广州来的朋友对我说：“广州人啊，爱喝茶，咖啡就很难卖了。”

凤凰与英国的brooks改装结合，简直太酷了！

LOCK
CHUCK
COFFEE
GUANG
ZHOH

推开 LOCK CHUCK 的门，抬头是店内最吸引眼球的装饰——一台被吊在天花板上的复古自行车，它是国内著名的凤凰与英国的 Brooks 改装结合，简直太酷了！这台中西合璧的自行车就像 LOCK CHUCK 一样，在广州的小巷子里，以咖啡为载体，结合着中西文化。自行车下面是一张随意堆放着外文书的超长白色桌。

“Delay No More”字样的霓虹灯被竖贴在正对门口的墙上，闪烁着在对大家说：“不要虚度光阴！”可是啊，来 LOCK CHUCK 虚度光阴、喝杯咖啡却是件美妙的事呢！

跟素未谋面的咖啡客们一起分享自行车下的那张大桌子，享用一杯烘焙自纽约的牛奶咖啡。

LOCK CHUCK 选用的意式咖啡豆是来自纽约的 Irving Farm，那是我第一次在国内看到用这个豆子的咖啡馆。问了才知道，Irving Farm 是纽约一家著名精品咖啡馆和烘焙商，原来 LOCK CHUCK 的老板以前在那里工作过。

虽然 LOCK CHUCK 的牛奶咖啡奶味比 Irving Farm 重，但还是勾起了我几年前在曼哈顿那间半地下的狭长店铺里喝咖啡的记忆。那是一个夜晚，一位黑人咖啡师用左手给我的咖啡做拉花。

咖啡馆就是一个奇妙的地方，关于一座城市的旅行记忆会在那里定格，比如 Irving Farm 在纽约，比如 LOCK CHUCK 在广州。

很多姑娘点了这里的吐司，被抹上果酱，装饰了莓果、鲜花、薄荷叶和椰丝的吐司俨

然是色彩的盛宴，十分上相。如果不是亲眼看到，很难想象这样精致的作品出自于一位男生之手。

走的时候，店里依然没有空位，还有人陆续进来，没想到这样一家时髦的咖啡馆开在社区不起眼的小巷子里，会有那么多人和我一样慕名而来，即使在这样炎热的夏天。

当我为这本书做准备时，又是一年夏天，LOCK CHUCK 门口的鸡蛋花树快要开花了吧？阵雨打下许多落花时，好想回去捡一朵。

女孩子们爱吃的甜点都是出自他呢！
TOAST

Terra Coffee House

澳门 - 龙嵩正街 20 号富耀大厦 地下 A 铺

MAP 40

一日之始，由早午餐唤醒

Momo

来到澳门的第一天就去了 Terra 喝咖啡。巴士下车后，沿着有坡度的龙嵩正街，拾级而上，来到 Terra。

这一天真正的开始是被这份早午餐唤醒的。占据着离吧台最远（这样我能看到店内的一切）的大桌子一头，另一头是两个在激烈讨论股市的大叔。前方以及靠近窗口的女生们在喝咖啡、吃甜品。隔着玻璃窗，一辆摩托车和一幅巨大的涂鸦，像是这个店的背景画。

Terra 墙壁上挂的摄影作品来自澳门当地艺术家邓国豪。不定期的展出，这大概是 Terra 的一大特色。我虽不懂得欣赏，却也觉得这些作品跟店的气场相当融合。

SNAPPP
coffee t&i

Single Origin

MAP 41

转角遇见好咖啡

Momo

又是一天，从青洲搭巴士在水坑尾站下车，Single Origin 就位于不远处的交叉口。

前一天在 Terra Coffee 遇见的红发女生，这次又见到了。虽然没有打招呼，但因为这份互不相识却巧妙的重逢，心情也格外明朗。还是一如既往地点澳白，我请咖啡师用埃塞俄比亚耶加雪菲咖啡豆来做，好喝到眼睛发光。

这期间有一个穿蓝白扎染长裙的女生吸引了我，我想去对她说“你和你的裙子都好美”，看她上了楼，我生怕打扰了这份安静，也就作罢继续画画了。

眼前的画面虽然拥挤，但足够容纳店内喝咖啡聊天的人们、为客人服务的咖啡师以及吧台上相当高端的设备。你如果仔细看，还能发现一些有趣的小玩意儿，比如远处意式咖啡机手柄被设计成自动关门装置。我在这个很小却很舒适的空间里，自得其乐地画完了这一幅画。

但是，我又怎么能控制自己不画一下 Single Origin 的外面呢？

我太喜欢这家店转角的感觉了，但找不到合适的可以画它的位置，所以就站在马路对面简单地画了一个侧面。但不管从哪个角度看，眼前的这幢两层小楼都美极了。门口的大树是鲜绿色，门头是灰色，门框是白色，竖写的黑色英文字是店名，从玻璃窗里透出来的灯光是暖暖的橘色，灯下坐着的咖啡客是五颜六色。我迫不及待地画完，继续加入他们。

order here
Shot Brewer
Single Origin
pour over and espresso bar.
澳門 Macau
Rua de Abreu

Single Origin
Single Origin
pour over and espresso bar

Blooom Coffee House
澳门·雀仔圆柯高街 5 号

MAP 42

专业又有爱 Momo

Blooom Coffee 就在雀仔园街市旁边几十米。微暗的城市里，Blooom 的黄色灯光依然亮着，还没进去就让我觉得心里暖暖的。时间是晚上七点。环顾四周，一共有八个靠窗位置，右手边是吧台，咖啡师是一个白净的男生。吧台除了出品咖啡外，还有很多豆子和挂耳包在售。店里的置物架售卖意式咖啡机、咖啡器具等。除了我，都像是常客。

我问咖啡师几点打烊，他说是七点半，哎呀，这下我的时间更赶了。我想试试手冲的单品咖啡。Blooom 自家烘焙的咖啡豆实在太多了，而眼前的这位咖啡师，不顾打烊的

时间还陪我一起挑选我偏好的咖啡风味，这职业精神令人敬佩。我喝到的，不出所料，是我很喜欢的一杯咖啡。

这时，我看到前一天在 Single Origin 那位穿蓝白扎染裙子的女生，我居然又遇见了她。

我一改平日的矜持，与她交换了名字和联系方式。就这样，我认识了这个爱笑爱喝咖啡的广州女孩麦麦。更美妙的是，我们重逢那天刚好是她的生日。

“今天的相遇是我在澳门的开心回忆。”麦麦说。于我，又何尝不是呢？

NOC Coffee Co.
香港·中环嘉咸街 34 号底铺

MAP 43

斜坡上的可爱小店

Momo

NOC是离民宿最近的一家咖啡馆，就在中环。一放下行李，我就来这里喝咖啡。从外面看NOC是建在斜坡上的，很有趣。

NOC就如店名一样，Not Only Coffee：不仅仅是咖啡。

下着雨的午后，客人却不少。一帮韩国咖啡客坐在店内大声聊天，几个欧美咖啡客则坐在门口边抽烟边喝咖啡。

从咖啡的水准可以看出店家的态度和用心，而店内的设计也很棒。喝完一杯好喝的澳白，靠着吧台对面的墙壁开始画画。这样的视角我最喜欢并擅长。

NOC不大而狭长的空间是由黑白灰三色和原木色构成的。吧台上被陈列得很有层次感的一枚枚甜点，无形中成了店里柔软而生动的点缀，忙着画画都忘记尝一下。

嗯，这样的雨天，这样的雨天最适合窝在喜欢的咖啡馆画画了。

CUPPING ROOM
COFFEE ROASTERS
EST. 2011

Cupping Room
香港 · 上环皇后大道中 299 号 LG 铺

MAP 44

冠军店的奶咖，唇齿间的丝滑

Momo

Cupping Room 是我来香港咖啡馆的第一站，是一个高水准的开端。

记得在杭州常喝咖啡的那几年里，曾喝过朋友从香港带来的 Cupping Room 的豆子，这次终于有机会在香港喝一杯。

实体咖啡馆存在的意义，大概是无法复制的出品和服务，有别于我们自己在家冲煮。

我坐在这家冠军店窗口的高脚凳上，一边享用咖啡一边画画。环顾这家店，左手边靠墙的位置尤其适合两人对饮、聊天；中间的一张长长的大桌子，坐在这里吃一份早午餐再合适不过了；吧台的座位，既可以近距离地看到穿花衫、卷着发的咖啡师做意式咖啡，又可以写写字、看看书，度过一个独处的时光。我

坐在窗口，这是观看街景的最佳位置，同时也因为高脚凳的关系，可以将整家店的动态尽收眼底。角落里售卖咖啡豆的区域还可代客研磨，不少客人在喝完咖啡后还要带一些咖啡豆回家。

而我在 Cupping Room 也喝到了一杯至今难忘的奶咖，那几秒钟唇齿间的丝滑，是从未有过的。

Cupping Room 在香港有多家门店，我去的是上环皇后大道中 299 号永杰中心 LG 铺这家。

MAP 45

买包咖啡豆就走，或者坐下来喝一杯

Momo

去过 Cupping Room 后，来到附近的 Barista Jam。

Barista Jam 对外的玻璃橱窗摆放着各式手冲咖啡器具，提供咖啡的同时又有很好的装饰和吸引作用。推开门走进去，深色木地板，浑然是一处踏实安心的空间。实木楼梯上去还有一个大长桌，可供多人一起喝咖啡，四周摆放着的是烘焙机和满满当当的咖啡器具。在家喝咖啡所需要的一切都可一站式搞定。Barista Jam 的咖啡师们非常友好，在饱受了香港各种餐饮店的冷漠态度之后，在这里简直有种如沐春风的感觉。

Barista Jam 自家烘焙的咖啡豆，根据季节不同而变化的拼配，展示在进门的玻璃柜里，每日可供选择的不尽相同。只见推门而入的附近居民，有的是来喝咖啡的，有的则是买一包豆子就走。

在一楼角落的大桌子开始画画。这时候来店的客

Barista Jam

人都进入了画中，看起来已经坐了很久的女生，一边看书一边听音乐；点了意式浓缩咖啡（Espresso）的老爷爷，带上老花镜在翻报纸；还有两位老外坐在吧台就餐喝咖啡。我们共处一室，却又被音乐巧妙隔开，各自做着自己的事。这样的气氛，尤其令人感到舒服，让我愿意再多待一会儿。

如果说可以带走的是咖啡豆和器具，那么带不走的就是氛围和服务。Barista Jam 显然是通过这些年的用心经营，一步步把自己塑造成了今天深受爱戴的样子。

虽然我个人偏爱浅烘，在这儿喝到那杯单品并不爱，但不妨碍它依然是家非常可爱的店。而如果你喜欢偏中深烘的咖啡，则一定要去尝一尝 Barista Jam 的独家拼配。

MAP 46

柴犬的哲学 Momo

Black Sugar 在旺角。本来想要去另一间咖啡馆（StoreRoom Cafe），但坐巴士下错站将错就错就来到这家。这是一家社区咖啡馆，店面小小的，进去却很深。

坐定之后，心血来潮地点了杯浓缩咖啡加汤力水（Espresso Tonic）尝尝，其实我很少喝冰咖啡，一路点的都是澳白或者短笛（Piccolo）。啊，这杯咖啡汤力下肚，简直太爽了！没有哪款咖啡比它更适合六月里香港闷热的当下了。

这里的店员非常友好，店的氛围和设计都很棒。从 Logo 到周边都是柴犬的造型，超可爱。Black Sugar 的社交媒体上这样介绍自己——柴犬的哲学是“永不放弃，永不投降”。是的，除了售卖好喝的咖啡，店主还在用心用力传达自己关于生活方式的见地。即使是我这个偶然进入的旅人，也不禁被这家小店深深吸引。

一直没有等到最喜欢的吧台对面靠墙的座位。出了店就在门口简单地涂鸦了一张。

Cafe Life x PMQ

MAP 47

随遇而安的惊喜

Momo

某天我出门往北走，便恰好路过房东 Kei 推荐我的元创方。这偌大的场地原是已婚警察宿舍，现在扮演了香港本土文创聚集地的角色。

因为时间尚早，好多店铺都没开，打算离开时见到角落里的 Cafe Life，人都已经走过去了，又被咖啡香吸引了回来。嗨，既然路过何不就喝一杯？

这样想着，把计划前往的咖啡馆往后推了推，走进了跟前这家店。蛋糕出炉的香气，蒸汽打奶的声音，客人谈笑的声音，让我不自觉地拿出了画本。我开心地画下这幅画的同时，将两杯咖啡干掉，将浓郁的抹茶蛋糕吃光。

你们看到的，画面最左边的女生 Hikaru Lam 会说日语并超有亲和力，负责点单和跟客人聊天；中间帅帅的男生亦是老板，日本人，娴熟地做着蛋糕，也会有那么一个瞬间的相视而笑让我感到很温暖；最右边的男生 Ben Lui，一旦聊起咖啡就打开话匣子，不然便静静地在一边不断练习拉花。

这个理想的温暖的中午，时间变得漫长，而我也忘了我本来想去哪里。随遇而安的旅途中遇见的惊喜，却足以把一个普普通通的阴霾天照得闪亮。

MONMOUTH Coffee

英国 伦敦 - 27 Monmouth Street, Covent Garden, London WC2H 9EU

MAP 48

这里是伦敦最棒的咖啡馆 daidai

上次去了大不列颠以后就爱上了那里，所以这次即使只有一周的时间，我也要去一趟。

“伦敦最棒的咖啡馆”，这是网上对 MONMOUTH Coffee 的评价。

和 2016 年去 Borough Market 分店时的景象一样，这真是一家长年排队的店。这家店是第一家店，从烘焙咖啡豆到售卖产品可以追溯到 1978 年。

如果要画店铺外观并拍照，就必须站在对面的房子下才行。所以我没有加入到等位的行列，而是拿着外带杯，直接在对面店铺的台阶上席地而坐画完了线稿。

深灰色的店面，内饰全木色并配以暖光，店内狭长窄小，最里面有一些带隔断的桌椅。相比之下我更喜欢坐在门口的长条板凳上发呆看光景。

MONMOUTH
COFFEE COMPANY
我想坐在这里发呆

MAP 49

MONOCLE

因杂志而知名的咖啡馆

一些人知道 MONOCLE 这个名字是因为杂志。让我把这本杂志和一个咖啡馆联系在一起的，是源于社交平台上看到的一张照片。

如果你想读到最新的 MONOCLE 杂志，一定是在这家咖啡馆了。店面拥有标志性的黑白条纹遮光挡。不远的几条街外，还有另外一家实体店铺经营杂志及其他的周边产品。那天是工作日，在门口画画时是下午时分，一些上早班的居民已经下班回来，店员会与他们打招呼，问问他们现在是喝什么咖啡的心情。很有意思。

MAP 50

铁定心要画的花园餐厅

daidai

“可能是世界上最美的森林花园餐厅”，有游记这样说。就冲这句话，我铁定了心要去 Petersham Nurseries Cafe。

整个花园餐厅分为三个部分：米其林餐厅 Petersham Nurseries Café，另外还有无需预约的下午茶 Tea House and Coffee Shop，最后是个花园商店 The Garden Shop。

获得过慢食（Slow Food）奖项的餐厅名副其实，比预约时间提早也无法入座，于是去花园商店中闲逛，找到了一个最佳取景点。我不是食评家也不懂米其林，只记得食材在清淡用料下本真的味道和那段慢食好时光，并深深地相信那些在花房中的花朵、植物或者球茎，它们从一颗种子起，在这里得到了最好的呵护和最美的绽放。

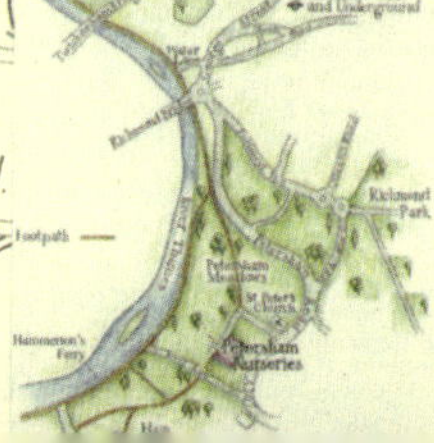

I'm fine, and you?

Fine café & canteen

上海 · 徐汇区乌鲁木齐中路 192 号

MAP 51 一杯短笛惊艳了我 Momo

“I am fine, and you？”2017 年夏末的上海，Fine 吧台后面这句话，如同一句直击心扉的开场白。

暖暖的日系木质装潢，暖暖的食物与饮品，暖暖的人和空气。连桌上的号码牌都是暖暖的繁体字。

此刻与我对坐的是初中便认识，三年前因为咖啡馆重新联系上的 Maggie。Maggie 和我住在同一座城市，有一个开咖啡馆的梦想。而更多的时候，我们聊的是摄影。虽在同一座城市，却难得见面的两个人，在这美好时光，怎么舍得赖床呢？

以餐食出品的小店，我习惯性地对咖啡不抱有太多期待。Maggie 选了红茶，而我点了一杯短笛咖啡。是的，我太需要咖啡因来唤醒新的一天了。可是这杯短笛太棒了，绝不输上海最好喝的咖啡馆啊！虽然外面有很多人排队，我还是决定拿出纸笔画画，把 Fine 画到我专为手绘咖啡馆准备的水彩本里。

来这儿吃早午餐的多数是姑娘，都有着与 Fine 相衬的气质。咖啡馆就是如此吸引气质相近的一群人的地方吧！

我飞速画完一幅画，毕竟外面还有人在排队，她们可能正饿着肚子呢。

MANNER
上海·静安区奉贤路 310 号（靠近陕西北路）

MAP
52

友好的咖啡 Momo

远远望见了老上海馄饨店的招牌，没想到 MANNER 就在同一屋檐下。

所以下次你在上海街头，偶遇排队买馄饨汤圆的队伍可要看仔细了，很有可能大家是在买咖啡呢！

在上海无数的咖啡馆里，MANNER 是特殊的，它勇敢地将咖啡变成了平价饮料带到人们的生活。不仅是附近的年轻人，许多从外地赶来的咖啡爱好者，也会加入买咖啡的队伍中。

MANNER 只有外卖窗口，没有堂食区域，咖啡均是外带杯出品。除了意式咖啡和手冲单品咖啡，MANNER 还有整包咖啡豆出售，豆子均是自家烘焙。

牛奶咖啡在 20 元以下，自带杯子（一次性杯子除外）减 5 元。不但有友好的咖啡，友好的价格，还有友好的环保理念。

二月的上海，我和两位好朋友一起去了 MANNER。在我画画的时候，朋友们在门口的长凳上聊天等我，他们也成了画中景。

咖啡师见我在画画，热情地推荐我去 MANNER 的菜场店，说那边也很入画。可惜那天比较晚了，只好下次再去。

老上海馄饨
SECRET FROM
洪都拉斯
肯尼亚
埃塞俄比亚
曼特宁

Flavor

MAP 53

活到最快乐 Momo

还记得第一次走进 Flavor 是 2017 年初秋，那天的澳白很好喝，那天透过梧桐树叶照在店门口的阳光很迷人。

在嘉兴有一间小得只有一个吧台和六个座位的咖啡馆。老板小媛一个人应付店里所

有的人与事。

我喜欢在一天早些时候去喝咖啡，所以往往在咖啡馆开门时就会等在那儿。当我发现 Flavor 常常不准时开门后，心中难免会有点懊恼。

“真是对不起，其实以前都是准时，现在因为怀孕，外卖吃不进，所以都是在家里吃了饭出来。”开始还在心中埋怨，一听说是这样的原因，就变得心疼了。

“恭喜你啊”。我由衷地祝福。

小媛以前开过奶茶店、港式甜品店、港式奶茶店，后来终于找到自己想走的路——咖啡，于是才有了 Flavor 今天的样子。

我认识的小媛，一直散发出一种自信和坚定，是生活中走过很多路的人才会有的。

“愿你可以一直简简单单地过自己的生活，有时候自私地活着，过好自己，才是对别人最大的负责。每个人都可以活到最快乐，那别人也能感受到快乐。”在我为生活伤心失落的时候，她这样安慰我。这是我在这座城市里，即使是从亲人身上都无法获得的宝贵力量。

把自己活到最快乐，才能让别人感受到快乐。将每款咖啡萃取出它独有的风味，才能让喝咖啡的人感受到诚意。持各种咖啡证书在手的小媛并不是个理论派，从她手中，我接过的是一杯嘉兴最好喝的 SOE（Single Origin Espresso 单一原产地浓缩）。

Flavor 用的咖啡豆可不便宜，所以一杯澳白 27 元，而 SOE 也就 30 元，真不贵。“老顾客都建议我提价，怕我亏本，”小媛笑着说，“但我不想卖太贵。”在嘉兴开这样一间纯粹咖啡的小店，是需要勇气的。虽然我每次来这里，看起来生意都不错。但听小媛说生意最淡的是一个雨天，一天只卖了一杯咖啡。“下次这样的日子，告诉我，我来买咖啡。”我虽是半开玩笑地说，但是真心希望好喝不贵的 Flavor 可以好好活下去。

我常常带喜欢咖啡的人来这里。有些人在这座城市生活，有些人搭一趟高铁只为了找我喝杯咖啡。每个来过 Flavor 的朋友都很喜欢这里，不仅因为这里的咖啡，还因为这位可爱的咖啡人。

有一天，好朋友汤圆和格五从杭州来，我们从月河一路拍照来到 Flavor，那个下午我突然想把这家店画进本子里。因为阳光那样美，Flavor 那样温暖，有曾经的老朋友，有现在的新朋友，我们在一起，不能更好了。

Market Lane Coffee

MAP 54

杂志 KINFOLK 推荐的手冲店

daidai

带着对墨尔本咖啡的回味和这个花园般城市的眷念，时隔不足一年再次到访。

这次到访刚好在年末时节，很多店铺都已经休业，能遇见坚持开业的店铺就是很幸运的事了。

Market Lane 在墨尔本有好几家分店，最出名的是维多利亚女王市场店，玻璃橱窗上写着："We love to make coffee for the city that loves to drink it."可是很可惜，已经进入了年终休息。所以这次只去了 CBD Collins 8 号，店面临街，抬头可见以维多利亚时期花纹装饰阳台的门店。店铺设计极简，菜单也同样极简，没有冰品也没有热巧克力。这是杂志 KINFOLK（全球知名的生活方式杂志）墨尔本专辑特推的八家手冲之一，随着季节变换，咖啡豆也会随时改变。他们对待咖啡就像科学家对待实验一样：这里的手冲咖啡让我感到等待的时间是值得的。来自 Kiungu Factory 的水洗豆，肯尼亚的口味令人惊艳，有烤菠萝、莓果和混合香料的味道。

PROUD MARY CAFFEE（科林伍德店）

澳大利亚 墨尔本 · 172 Oxford Street, Collingwood VIC 3066

PROUD MARY

MAP 55

在别家吃了闭门羹后的惊喜

daidai

每次出国探店，我都是做足功课的，会通过各种 APP 挑选心仪的店铺。如果时机不佳吃了闭门羹，难免懊恼，这次在墨尔本也是。

原本计划将 PROUD MARY 与附近的 Aunty Peg's 合并在一条探店线路上，可惜未料到 Aunty Peg's 先放假了，一早去时大门紧闭，店员带着耳麦打扫卫生，完全听不见我敲窗户。

和我一起在门口张望的还有一位身着跑步服的姑娘，她摇摇头两手一摊说："看起来是关门了，建议你去附近的另一家，前面转两个弯，PROUD MARY CAFE，还能顺便吃个早午餐。

原来，Aunty Peg's 和 PROUD MARY 其实是 Roaster 的两家店。只不过前者是严肃的学院派咖啡馆，PROUD MARY 则是全城有口皆碑的早午餐咖啡馆，以菜品多样且诱人著称。

店面外墙是大气的红色砖墙，店内的咖啡杯和咖啡豆的包装袋则以蓝白为主。

一进门就看到的 Synesso Hydra 咖啡机，这是很多咖啡师的梦想机器，吧台后面和侧面都悬挂着黑板，一个是涂鸦装饰，一个则是饮品菜单。找到角落坐下后，发现客用区域还摆放着冰滴咖啡装置和一大捧当日的新鲜花束。想来近期恐怕没有机会再探那家咖啡学院，于是带了一包哥伦比亚的豆子，并画了幅画。

172

MAP 56

只有两款咖啡的咖啡馆

daidai

Sensory Lab 也是有多家店铺的独立咖啡馆，同样在年末只保留了一家身处 CBD 百货商店的临街店铺。

浅橄榄绿色系的店铺很是优雅，吧台上方的柜门上写着一句话：“Coffee Made Perfect.”

这家的饮品非常简单，除了意式咖啡就是单品。非常值得一提的是虹吸壶煮咖啡（Siphon Coffe），大多数墨尔本咖啡馆并没有这款咖啡，这种方式能够保留其纯净隽永的口感，苦涩过后，舌尖仍留有一抹甘甜。

Clement Coffee
澳大利亚 墨尔本 · Stall 89,116-136 Cecil St,South Melbourne, VIC 3000

CLEMENT

MAP 57

档口也有好咖啡 daidai

由于行程中还肩负着准备跨年晚餐的重要工作，所以探店之旅无法随心所欲。

发现这个区域距离著名的南墨尔本自由市场很近，于是决定探店和采购一站搞定。

Clement Coffee 可能是我的探店列表中最小的一个店，甚至连店都算不上，只能说是个档口。而墨尔本这座咖啡之城的奇妙就在于，不论在哪个街区，不论是多么小的一个档口，出品的咖啡都会让你心里涌出“就是这个味”的感慨，店面的貌美与咖啡的口味并存。这家店铺像是蜂巢的六边形，配色属于北欧风格的小清新范儿。

在我站在外面边喝边画最终快完稿的时候，外面看摊儿的咖啡小哥还礼貌地问我是否能拍照。我的反应自然是美颠儿颠儿地点头回以微笑。

89
COFFEE
CLEMENT
COFFEE FOR NOW
BEANS FOR HOME

咖啡豆的三种处理方法

咖啡果实依据不同的状态去晒干，会形成不同的风味走向。

日晒处理法

成熟的咖啡果实直接拿去晾晒、干燥，称之为日晒处理法。

耗时较长，三到四周。

甜度与醇厚度较高，风味复杂度较广。

巴西　埃塞俄比亚

蜜处理法

有些产地选择将果皮果肉经由机器去掉，保留果胶层，进行晾晒，我们称之为蜜处理法。

耗时略短于日晒处理，约在两到三周。

柔顺的触感，平衡的甜感、

哥斯达黎加

水洗处理法

将咖啡果实的果皮、果肉利用机器去除，并且使用大量的水将果胶发酵去除干净，再拿去晾晒（或机器干燥）。

晾晒时间较短，约十天到两周。

明亮的酸质，清爽干净的杯感。

危地马拉　中国·云南

2018
—年—

每间咖啡馆

都有 故事

AUNTY PEG'S

MAP 58

不甘心吃闭门羹，再去！

daidai

2018 年的第一天在澳大利亚，希望心心念的咖啡馆开门营业。幸运，从塔斯马尼亚岛回到墨尔本之后还有半天的自由活动时间，于是赶紧上网查看那些上次吃了闭门羹的店铺是不是都已经开始营业了，AUNTY PEG'S 就是其中之一。

之前说过这是家严肃的咖啡学院，牛气的地方就在于“只提供黑咖啡（Black Coffee）”，吃闭门羹的那天，我趴窗看到了

这家的烘培车间，工业复古风格，咖啡狂热分子的幻想在这里可以得到充分的满足。

像某些高级餐厅的主厨餐桌，店内只有吧台区域的一张多边形桌子，将客人与咖啡师操作区域分开，同时又将咖啡师包围起来，这样客人坐在吧台上可以观看咖啡萃取过程，还能和咖啡师聊天。

可能因为是平日的上午，所以店内的客人只有三五位。我也得以有机会与咖啡师有了相对深入的交谈。

比如，今天是喝什么咖啡的心情呀？又比如，墨尔本人为何如此爱咖啡呀？……当他得知我在新年前吃了闭门羹，又看了我这几天的绘画成果后，非常高兴，说：“如果你不赶时间的话，我想带你参观一下我们的咖啡工厂！”我想当时我的脸上一定是个大写的“哇！”

就这样，从他们的电脑控制烘豆机，到每天上午咖啡师们的品鉴会现场，从存放生咖啡豆的仓库，到让我试闻一捧新鲜生豆的味道，这真的是一场令人无比兴奋的咖啡之旅。

Lune Croissanterie
澳大利亚 墨尔本 · 119 Rose St, Fitzroy Vic 3065

MAP 59

站在门口把画画完

daidai

我并不是可颂面包的狂热追随者，但当我看到纽约时报的食评家如此说：“Sorry France，the world's best croissant is right here in Australia！”一定要去尝试的心情便按捺不住了。

早晨八点半抵达店铺，已经有络绎不绝的人进进出出，不论是穿着晨练服的当地居民还是带着专业相机的游客。传说创始人曾是个学航空科学的理工妹，我就明白了为什么店铺的招牌和装修风格是如此的毛坯工厂风了。

水单很简单，挂在砖红色的墙上，从传统可颂到添加各种馅料点缀的变形版，以及Cruffin这种可颂麦芬混血儿，我还是坚定地只选择了传统可颂和黑咖啡。果然名不虚传：从外表到内涵，堪称完美。外部脆薄皮酥，内部松软有嚼劲，每一口咬下去，都充满了浓郁的黄油气息和奶香。不要妄想用刀叉，还是干脆用手抓最爽快。

吃好喝好，站在门口把画画完。

这家店每周二、三休息，这两天只有外卖；每天卖完当日产品就打烊。所以，真的不是去了就能吃到水单上的餐品，要看运气。

MAP 60

在复古书报亭里买杯咖啡 Momo

Paras

上海 · 徐汇区新乐路 80 号（襄阳北路新乐路路口）

十字路口的书报亭从小就见得多了，而在报刊亭里喝咖啡还是头一次。

2018 年伊始，我和好朋友雷小蕾一起来到了这家位于上海新乐路与襄阳路交叉口的小咖啡馆“Paras Pop-up”——一家神奇的“书报亭”咖啡馆。

我们走进店内，只见右手边墙壁上整齐地挂着一份份报纸，有英文也有繁体字。仔细看日期，原来这些报纸并不是装饰，它们都是最新的，多来自国外以及香港地区。墙上、天花板上贴着从报纸上剪下来的图案。

在报纸已经慢慢淡出我们生活的时代，一家时髦的咖啡馆似乎在用这种怀旧的方式提醒我们——慢慢来，就是快。

其实，原本这家小小的 Paras 是 2017 年店铺装修时设立的快闪店。后来大受欢迎并

强烈要求被保留，从而变成了我们现在看到的常驻店。所以在新乐路上有两家 Paras，一家主营早午餐和咖啡，而这里只卖咖啡。

心仪的绿色元素，跳跃在店铺的各个角落。窗花、店招的灯箱、玻璃花瓶，外带杯上的店招贴纸，捆旧报纸的绳子，甚至地上的反光条，无处不在。

这家快闪店的装修看似粗糙随意却有太多吸引我的细节。这儿甚至没有“像样”的座位，过期报纸被绿色的绳子扎成一捆一捆，成为客人们喝咖啡的座位。Popeye、DRIFT 等有趣的外国杂志被摆在窗边，可以站着翻看。活泼的卡通玩偶不时出现，粉色的霓虹灯向每个经过 Paras 的路人打着招呼，“Hello good day”，看一眼心情都会变好呢。

停下匆忙的脚步，轻松地喝杯咖啡，无所事事地看街景，便是在 Paras 的正经事。

MAP 61 土洋结合 Momo

巴浪鱼咖啡馆
福建泉州·鲤城区承天巷之沟尾下一号赤子空间二楼

《舌尖上的中国》报道了很多泉州的名店，我来到这里一个星期了，发现真的不用跟着纪录片去找那些店铺。光是一碗面线糊，每天往里面加不同料，一个星期我都没吃过重样的，醋肉、大肠、虾仁、蟹肉、鱿鱼、香菇、皮蛋、油条…… 更别说古早味的牛排、咸饭、海鲜粽、炸醋肉与石花膏。

我知道我不是来吃的，我是来探店的。

巴浪鱼本尊是福建沿海最普通不过的小鱼，人们将其蒸完后晒成鱼干下酒佐餐或当零食。而这间藏匿于巷子里的巴浪鱼咖啡馆，则如同一尾鱼，在咖啡文化的“洋”与闽南生活的“土”中游刃有余，把咖啡带入人们的日常生活里。

2018 年大年初三，是巴浪鱼新年启市的第一天。在附近吃过午饭，发现店门已经开

了，于是穿过一楼来到位于二楼的巴浪鱼咖啡馆。老板此刻正忙碌地打扫和收拾，拂去假期留下的灰尘。

正午的阳光从窗户照进咖啡馆，真是让人心情舒畅，尤其当窗口的花瓶被换上了2018年春天的第一束鲜花后，好像每一缕阳光都充满了香气与希望啊。

只是一会儿工夫，这儿就宾客满座了。我四处拍拍照。“这些人都是从哪里冒出来的呢？”慢慢的，我发现他们大部分与我一样，是来泉州旅行的，来此一解咖啡瘾。

巴浪鱼咖啡馆从空间设计到软装，每个小细节都充满了店主的巧思。从楼梯边墙上故意凿破的洞里，你能窥探到巴浪鱼的第一眼；极具年代感的中古座椅，是为每位坦然入座的客人而准备；适合阅读的灯，仿佛在提醒我们："你，是否好久不读书了？"黑胶唱片和卡带是最特别的吧台背景墙装饰，而落地小书柜里老板私人珍藏的书与画册会让你静心找回自己。

巴浪鱼的菜单也特别有"泉州味道"。不用去西街就能尝到鲤城特色的满煎糕，一杯加了金门高粱的金门王拿铁让心灵微醺，海岛黑糖牛奶里是乡愁的苦与甜。听说后来还推出了现炸的油条蘸阿芙佳朵 (Affogato) 吃。

巴浪鱼咖啡馆老板，人称三爷，在几年前结束了第一家咖啡馆"宝力"的经营后，启动了一个名叫"三爷的流动咖啡馆"的项目。他去海边，去山里，到庙宇，到工地……离开咖啡馆去做咖啡，努力将咖啡变成所到之处人们日常的饮品。2017 年三爷停下脚步，和伙伴们一起打造了这个空间，并将咖啡馆安在了二楼。

一扇窗外可看见教堂的十字架，一扇窗外是红黑色砖瓦的老房屋顶。整个下午，巴浪鱼里一直是客满的状态，如此有人气却不过分吵闹，每个人都享受着当下。那一幅画的时间，我一边落笔，一边被氛围所感动。

在窗口对着一只玻璃杯子拍照时，一位陌生姑娘问我要不要拍她的冰滴，她来倒我来拍，我欣然接受。

她说，自己常常一个人来巴浪鱼小坐。嗯，我又一次开始羡慕泉州人了。

Zooming 收放

MAP 62

面粉厂里长出咖啡馆

Momo

这家咖啡馆叫 Zoomimg，我觉得这个名字真亲切啊！

记得圣彼得堡我最爱的一家咖啡馆就叫“Zoom”。客人们会在水单上涂鸦，有超好吃的通心粉，有玩偶陪伴。

而泉州这家 Zooming 离我住的青旅很近，所以一周里几乎每天都来打卡，有时候比开店的人来得还早。

Zooming 的短笛，是我在泉州喝到的最好喝的咖啡。第三天终于等到了甜点师上班，吃到了多天以来唯一一块蛋糕——抹茶卷。

曾经是面粉厂，今天是咖啡屋。我常常在室外看着这六根巨大的水泥罐下面嵌入的 Zooming，感觉真妙啊。

MAP 63

所有的快活，都在慢活里 Momo

这家在收藏夹里静静地躺了快六年的店，终于在告别泉州的前一天去了。也幸好去了。

我在院子的中央坐下来。左前方是极具年代感的老洋房，右前方是现代的阳光房咖啡室，中间是一棵大榕树。树下喝着奶咖，忐忑地画了一幅画。

天空飘起南国冬天的微雨，我感受到的

却是温柔的暖意。

如果说照片不足以表达我的所有喜欢，那么画画可以。我用它呈现给世人的“慢活”方式，就这样一笔一画慢慢记下了眼前的人与事。

“所有的快活，都在慢活里。”十二味生活馆老洋房一楼小黑板上手写的这个句子，便是这间咖啡馆、这座城市最美的写照。

MAP 64

K' now coffee

浙江温州·鹿城区学院中路 261 号

人生何处不相逢

Momo

寻寻觅觅，不经意地抬头发现 K' now 就在马路边的一个楼上。

来这里的显然都是老顾客。四个年轻的姑娘一进门就打电话叫了外卖。我没听错，她们叫了炒粉干在这儿吃，再配上一杯咖啡。谁说咖啡一定要配西式的食物？在这家咖啡馆，不能吃外食的规矩不存在。也许这就是温州吧，一个开放、包容的城市。

我最爱这狭窄长条形的阳台，扶栏上有一排多肉植物，即使风吹日晒也活得很好。放眼望去是民居的屋顶，一只黄猫懒散地在我身边睡着了，即使拿镜头对准它，它也淡定地做着自己的白日梦。春节，在异乡的咖啡馆，分不清是它陪伴我，还是我陪伴它。

而我的朋友格五就要来了，我们都曾是杭州某个咖啡馆的忠实粉丝。一听说我来温州了，她刚好放假在温州，就给我推荐了几家她喜欢的温州咖啡馆。我们就这样约在了离她家不远的这家 K' now。

“老板，我又来了。哈哈，我来找个朋友。”听到清脆的话音和爽朗的笑声，就知道是格五来了。

之前，格五来嘉兴，我们一起喝了咖啡，这次因为我没买到从泉州回家的车票而不得不从温州转车，又得以在她的家乡见了一面。真是人生何处不相逢！

那个下午，我们的话题从未离开咖啡，也一直围绕因为咖啡馆共同结缘的朋友，亦或是曾经以及计划中的咖啡之旅。

常常会特别感恩，这些年不管我在哪里，不论是做咖啡或是喝咖啡，都有一群可爱的朋友，彼此喜欢，惺惺相惜。

为了记下这个午后，我画了这幅画。

明日晴

浙江 温州·鹿城区划龙桥路景芳苑 3-105

MAP 65

画本最后一页的咖啡馆 *Momo*

把一个画本用到最后一页，是件特别开心的事！用“明日晴”来做为 happy ending 很完美。

刚进门时觉得这家店有点暗暗的，后来找到了门口的小沙发画画。客人越来越多，直到吧台都坐满了，有人气却不吵闹，最喜欢画的咖啡馆莫过如此。

托朋友格五的福，老板娘小白送来了一份刚烤热的软心巧克力。小白其人呢，声音软软的，笑起来甜甜的，就像这一份软心巧克力一样。买不到回程车票成了件塞翁失马的事，有了短暂的温州停留，并与两家可爱的咖啡馆相逢，何尝不是一种福气？

明日晴 CAFÉ
TOMORROW SUNSHINE
你在画画吗

MAP 66

很美的露台，下次再会 Momo

春天一到，就想四处走走。这次来到了岱岱生活的城市——北京，可惜，我们错过了。没关系，我一个人身临其境感受她的日常也挺有趣。

Berry Beans，最出名的可能是它的露台了。来之前想着上露台画画，但是到了以后被告知要等位。露台是限流的，即上面的人下来几个，下面才能上去几个。

于是，我写生的目标变成了：我一起来的两位好朋友、吧台附近喝咖啡的人们、站

着为大家服务的老板。如果不是节假日来这里，人不会那么多，但我还挺高兴的，因为我就爱画人啊！

只见每个进来的人都问老板，还要等多久才会有露台的位置，老板无奈而幽默地回答："这个说不好啊，得让上面的客人尽兴，时间嘛，可能取决于他们在上面修不修片啊……"哈哈，画画的时候可以偷听到许多诸如此类有趣的对话。

至于那个听说很美的露台，只能下次再会啦！

METAL HANDS

MAP 67

拥挤的乐园，一个人的咖啡时间

Momo

Mental Hands 在北京五道营有两家店铺，这家是我前一天就看中的。第二天特地早起再去，谁知上午时分，狭窄的店铺里已经坐满了人，还好我幸运地抢到了最后一个座位——门口靠窗。正合我意，这里可以同时观察到吧台内外。

因为空间有限，来北京旅行的上海客人和来五道营闲逛的一对北京情侣，不得不三个人共用一张小咖啡桌。咖啡和甜点，被热闹地摆满了整个桌子。彼此因为“拼桌”而开始了交谈。北京人给上海人推荐了好吃的餐厅，大家有一搭没一搭地聊着两座城市。

在旅途中的咖啡馆，与陌生人的一面之缘，必定会成为旅人美好回忆的一部分吧。

咖啡师或许猜到我是专为咖啡而来，当我快速喝完一杯咖啡，他热情地推荐我去看正在郎园举办的咖啡节（有 Mental Hands 的展台）。

这是 2018 年 4 月的北京，属于我一个人的咖啡时间。

35mm Café

MAP 68

"杭漂"心中最美的"第三空间"

Momo

杭州的咖啡馆，两年来陆陆续续画了一些，每一家都有我偏爱的理由。相较于我在杭州待过的漫长时间以及去过的店来说，最后留在纸上的实在不多。

在已经扎根抑或已经离开杭州的许多"杭漂"心中，时常挂念着并且一如既往地爱着的咖啡馆，就是 35mm 咖啡。

四月的一天我回到杭州，是应 35mm 老板娘 Keren 的邀请，为这家喜欢的咖啡馆画画而来。上午十一点半的通普路，阳光透过层层树叶洒下来，就像是个绚烂舞台。我未进店内就站在马路对面开始画了起来，心情

已然快乐得想跳舞。

35mm Cafe，是源于喜欢摄影的老板最爱的镜头焦段“35mm”。最初的35mm，是古墩路上的一家小店，后来才搬到通普路这个更大的空间。而不定期举办的摄影分享活动“光影社”，几乎和它存在的时间一样久——八年。把整个杭州热爱摄影、喜欢旅行的人都聚集在了一起。

而我初次结识35mm咖啡，是在2012年，在古墩路的老店。那个微信还未流行的年代，我和大学时期旅途中结识的好朋友优优，在下班后，一起去35mm参加了一场关于尼泊尔的旅行摄影分享会。虽然多年过去了，对那次分享会的内容已印象不深，可只要一想到这座异乡城市，有这样一个空间可以在下了班的夜晚，与志趣相投的人度过不再孤独的夜晚时光，真是叫人安心。

是啊，这是35mm八年来一直努力在做的事。为这座城市，某一群人，打造更好的第三空间。

我和这家店的缘分，一直在继续着。这次回杭州给35mm画画，我又变成了游客的身份，35mm依然安静低调地在通普路等着我。这八年里，我们的世界都经历了天翻地覆的改变，这家咖啡馆不仅还在，而且出落得更美了，怎能叫人不爱，又怎能叫人不敬佩呢？

整个下午，我一口气画了七张画，献给35mm咖啡的八岁生日。后来这些画如期被印成了35mm咖啡八周年纪念明信片，店里VIP客人可以用积分兑换。我不仅收到了这些明信片，还有Keren特别留给我的那不勒斯冷热双拼挂耳包。

投缘的咖啡馆就和人一样，可以跨越时空，在生命的各个阶段，不断发生联系。

光合作用
浙江 杭州
上城区开元路 3-102 号（中国工商银行旁）

MAP 69 一家对宠物很友好的咖啡馆 Momo

和光合作用的缘分算起来已经三年了。光合作用没开业的时候就和老板娘 Vicky 见过几面，开业没几天我就去喝咖啡了，虽然那时候和 Vicky 还只是点头之交，那时候吧台上的磨豆机还不是现在这台。

离开杭州以后与许多人渐渐不再联系，而和光合作用的缘分却没有因为时间与距离就此停止。也许是因为共同认识的朋友，也许是走出了吧台的我才更懂得欣赏咖啡馆的美。

坐在光合作用的吧台时间长了，你会觉得，客人是客人、老板是老板，这样的界限根本不存在，大家都是爱咖啡的好朋友。我不知道这样的感觉从何而来，或许因 Vicky 与生俱来的热情与亲切吧。

光合作用的门口常年放着一个猫食盆，里面是 Vicky 给流浪猫准备的餐食。哪一天猫没准时来，她会等，会念叨它们的名字。是的，每只流浪猫都有自己的名字。狗狗被客人带进来做客更是常有的事，Vicky 像抱自己的狗狗一样和它们说话，宠爱之情都在眼里和拥抱里。

一家对宠物都很友好的咖啡馆，对人毫无疑问是更加友爱了。

如果一段时间没见面，Vicky 第一句话一定是："默默，最近过得开心吗？"我无法形容自己重回故地，收到这样不问你最近在忙什么而只关心你过得好不好的问候，那种内心涌出的感动。

有一天 Vicky 在网上问我，可不可以给光合作用画一幅画。

"当然好啊。"其实这也是我存了很久的想法了。

于是就有了这幅画。

资董窝玺

浙江 杭州·上城区大井巷 45 号（景象酒店西侧隔壁）

MAP 70

明明可以靠颜值，却非要靠实力

Momo

资董窝玺，去过的人没有不竖起大拇指的。在它还没开业时，许多人就是老板周乐的粉丝。他每日都会在朋友圈发自己的拉花照，分享自己的咖啡生活。

第一次去资董窝玺，去的是直吉祥巷的老店。那天，好朋友四月想带我去资董窝玺喝咖啡，可是店铺十一点半才开门，而我要赶十二点多的车离开杭州。本以为要就此错过了，但是周乐爽快地说，十点半就可以为我们开门。

见面才知道，周乐前一晚烘焙豆子到凌晨五点。对资董窝玺的喜爱和钦佩可能就是从那时候开始的。

很快，直吉祥巷的店面已经无法容纳日益变高的人气。位于大井巷、有着两层楼更大空间和更多座位的新店便应运而生了。

新店还是和好朋友四月一起去的。我跑到连接一楼和二楼的楼梯中央画画。从这个角度看这家店，吧台内外一览无余。看着喝咖啡的人三三两两推门进来，吧台内如今不再是周乐一个人了，而是一个小团队。

周乐是个勤奋的大男孩，每周三店休都是他的烘豆日。他既是咖啡师又是烘焙师，既是老板又是员工，日常的生活除了咖啡还是咖啡。为了给咖啡客提供更好喝的咖啡，咖啡人背后付出的精力和心血是常人难以想象的。

如果喜欢咖啡的朋友请我推荐杭州的咖啡馆，那么资董窝玺必然在榜单之上。

MAP 71 希望两三年后喝到今年泡的青梅酒 Momo

WEEKEND COFFEE
浙江 杭州 · 下城区潮鸣街道建国北路 127 号

那是一个中午，我在马路对面远远望着 Weekend Coffee 时，觉得这家店在杭州偌大又无趣的建国北路上显得格外清新，甚至有点突兀。

我是此刻店里唯一的客人，每次去空无一人的咖啡馆总会替店主瞎操心："怎么没人

来喝咖啡，真是着急。”

“咦，这些是酒吗？”我的目光被咖啡水单下面那排盛着荔枝、杨梅、菠萝、油桃、柠檬的瓶瓶罐罐所吸引。“都是你们自己泡的吗？”点了一杯澳白，眼神却没有离开那些酒瓶。小哥仿佛看出了我的心思，在给我做完咖啡后，就拿了两个透明的小杯子倒了青梅酒和菠萝酒，请我喝。

“好好喝哎！”

“嘿嘿，谢谢！”

weekend COFFEE

“比起菠萝的，我更喜欢这杯——青梅酒。”

“我也是！这青梅酒是两年前泡的。”

“两年，哇，你是怎么忍住不喝的？！”

“我还有四年的，你也自己泡酒吗？都泡些什么呢？”

“有树莓、提子、龙眼，等等，有什么泡什么。有一次泡了杨梅酒，用的是清酒，结果坏了。好大的杨梅啊，都舍不得吃。”

“哈哈，其实泡酒要用小的杨梅才好，我们老家的小杨梅，泡出来很好喝呢。”

人不可貌相，这个斯斯文文的男生不仅是老板，还是个“酒鬼”。因为志同道合，他又给我试了有点苦的柠檬酒，以及奇怪搭配的咖啡+酒+汤力水。

喝了人家这么多酒，我有点不好意思，点了蛋糕和手冲咖啡，这样也省得去吃午饭了，顺便在这里多待一下。

两款蛋糕，一款是芒果奶油，一款是莓果芝士，我选了后者。小哥贴心地问我蛋糕最顶部选冰激凌，还是奶油？我选了冰激凌。蛋糕加入了新鲜树莓和自制草莓酱，很浓郁的芝士香气，莓果酸甜都很突出。

“两杯澳白。”两位女客人没看菜单就点好了饮品。

“你们今天吃饭挺晚的嘛。”

“吃完逛了一圈才来报道的。”看来她们是每天都来的老主顾了。

这样的对话，像是邻里间的互相问候，听来真舒服。开业两个月能培养出忠实的顾客，实在为他高兴。虽然堂食的人不多，但外卖咖啡和蛋糕的订单却不断，所以刚进门时莫名的担忧已经烟消云散了。

Weekend的意式豆用的是青岛Fisher出品的，单品咖啡豆大部分来自南京的M2M，小部分是滨江的皮箱工坊。可能是酒太好喝了，这天喝的两杯咖啡没有留下太深的印象。

“每逢下雨，全场七折”。Weekend有自己独特的福利，店门外黑板上写着。

开业两个月，没有店休。早上九点开门，晚上十点打烊，两个人轮班。“在杭州我们算是很拼的咖啡馆了。”用小哥自己的话说。

Weekend仿佛是一个不紧不慢、与世无争的人。它不赶时间，知道自己真正要什么。即使是匆匆到访的我，也会被这样的气息所感染。

离开的时候，正巧两位合伙人在泡今年的青梅酒，两三年后的我，还能幸运地在这里喝上一杯吗？

MAP 72

咖啡豆里做道场 Momo

听说鱼缸咖啡在南京国立美术馆的店已经不在了，于是我来到了鱼缸的第一家也是当时唯一的一家店——在三山街的熙南里。鱼缸咖啡已经开了六年了。即使再多人推荐的店，也只有自己身临其境时才会知道自己与它是否“情投意合”。

推开鱼缸咖啡的门，一下子被墙上的手绘吸引住了。蓝色背景墙上，被工业风水管包围的这幅画是一颗巨大的咖啡豆，一半是黑白色，内画鱼缸咖啡馆；另一半是彩色，咖啡产地的农民在采摘咖啡樱桃果实。

因为一幅有趣的墙绘，我对鱼缸咖啡可

道
场

以说是一见钟情。

“咖啡豆里做道场。”咖啡生豆变为我们手中的一杯咖啡，仿佛是一场漫长的修行。

这里的咖啡每款都有好听的名字，比如琥珀白日梦、日落黄昏时、末路狂花，而三款夏日限定叫作冰滴威士忌（Whisky）、白河夜船、如梦之梦。天哪！每款都想试一试。

坐在窗边的高脚椅上，享用一杯冰滴威士忌。虽然有威士忌这个词，其实还是冰滴。区别于一般冰滴，这里一台硕大的韩国 Dutch Presso 滴滤设备，能制作出仿佛威士忌般的颜色和口感。先后有两个咖啡师走近我询问饮用感受，一位是负责制作出品的姑娘，问我是否喝得惯，需不需要再加点冰块；一位是最初负责点单的小伙子，想知道他的介绍和推荐是否合我口味。去过的咖啡馆不少，被这样的服务，生平还是第一次，特别感动。

我决定要把此时此刻画下来。于是我打开新买的水彩本。

带着电脑探讨问题的人，鱼缸就像个客厅；带着书来静静阅读的人，鱼缸就像个书房；路过歇脚的，鱼缸就像自家居所。就这样一笔一笔，把这美妙的氛围画进画里……

UNIUNI

UNIUNI
江苏 南京 · 玄武区北京东路 1 号凯瑟琳广场半山花园 [illegible] 酒吧楼上二楼平台

MAP 73

它时髦又有趣，它专业又亲切

Momo

花了点时间，才找到位于环凯瑟琳广场半山腰的这颗“冥王星”——PLUTO。UNIUNI 是这个空间前半部分的咖啡馆，后半部分是酒吧。对于咖啡圈内的人，UNIUNI 是世界咖啡师大赛（WBC）中国赛区冠军张寅喆的店，必须打卡膜拜；对于咖啡爱好者来说，UNIUNI 是一家出品优质咖啡的店；而对于不常喝和也不懂咖啡的人，它是装修时髦前卫、适合自拍、售卖甜品的店。然而这些属性并不矛盾，因为每一条，UNIUNI 做得都很优秀。

比起若干年前第一家门店，这家环凯瑟琳店的进步不是一点点。

光从服务讲，它既专业又亲切。没有高高在上的精品咖啡馆佼佼者的姿态，而是用浅显易懂的表达方式让大众接受并且喜欢上每一杯咖啡，和来此喝咖啡的体验。

负责点单的咖啡师，会给每位犹豫点什么喝的客人推荐，比如意式咖啡，他会询问口味偏好，然后打开装着三种不同种拼配磨成的咖啡粉给客人闻香选择。点单成功后还会双手递上一张积分卡，满五送一，欢迎客人常去光顾。

每当有客人进来，所有的咖啡师都会愉快亲切地问好，也包括正在吧台里做咖啡的咖啡师。

每当有客人点了手冲咖啡，即使客人坐得稍远，咖啡师也会在磨完粉之后拿出去给客人闻一下干香，介绍其风味，再小步回到吧台继续冲煮。

客人喝咖啡的过程，在外场的咖啡师会及时添水，并向客人询问对于这杯咖啡的满意度。

在热带水果、樱桃、巧克力三种拼配的咖啡豆里我选了“热带水果”风味做牛奶咖啡。这是由两款埃塞俄比亚咖啡豆拼配而成的。值得一提的是，UNIUNI 用的是自己牧场产的牛奶，它的奶味不会盖过花香，可以

带出咖啡的甜来。

用一杯咖啡加上一幅画的时间，我所见所闻和感受到的 UNIUNI 的点滴，虽是只鳞片甲，却足以让我爱上这里。

关于这家咖啡馆，可以写的太多了，用 UNIUNI 自己墙上挂的霓虹灯标语来总结就是："I am unique，we are the same."（我们都一样，一样有光芒）

是真正把咖啡馆回归到了以人为本，才会越来越闪耀啊！

Momo × daidai

Coffee

作为咖啡爱好者的我们，有时候在不同的时间会不约而同地去同一家咖啡馆。只有亲自去了那里，看了店铺的设计，闻了咖啡的香气，听了店内磨豆的声音，亲身体验、确认了眼神后，我们才会画下这家店。

2015
至
2017
—年—

那些
我们共同
画过的店

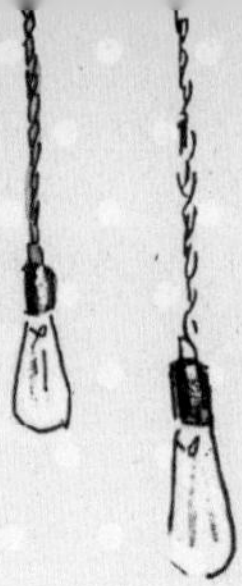

CAFÉ del VOLCÁN
上海·徐汇区永康路 80 号（近襄阳南路）

CAFÉ del VOLCAN

MAP 74

我心中的理想咖啡馆

daidai

说起“永康三少”中的这家店，可是最初在上海探店时的第一家，也是每次去上海只要有机会就会去的店，对那里的澳白是念念不忘。

这家店在永康街，与另外两家 Beautiful Concept、GRIFFIN COFFEE 被称作“永康三少”。虽然店铺特别的小，却错落有致，井井有条，咖啡师即使站在吧台内，也能够和每一位客人有目光以及言语的交流。

第一次去探店时，咖啡师还给我推荐了他们外购的蛋糕以及附近面包店的面包，聊起她过去在澳大利亚以及东南亚做咖啡师的经历，听得我津津有味。其间还有来来往往的熟客到店，咖啡师还能同时照顾到他们，甚至记得客人每次点的咖啡。嗯，这就是心中那个理想的咖啡馆呢！

CAFÉ del VOLCAN

CAFE del VOLCAN
ESPRESSO
BLACK
WHITE

MAP 74

人生的第一杯澳白 Momo

再来永康路，它已不复从前热闹了，每家店门口的露天座位都统统被收起来了，这真让我不太习惯。

我喜欢的小小的咖啡馆 Café del Volcán 依然静静地开着，像我第一次走进时一样。还是那个咖啡师在吧台向我打招呼。我对这个声音温柔的女生印象深刻，但她一定不记得我。

“觉得刚才那杯澳白怎么样？”

“嗯……还可以。”每次去咖啡馆，只要有澳白，我必定会点一杯。

“觉得……哪里不好吗？”

“就是……我个人会偏爱水果调性突出一些的。”

“啊，刚才忘了问你，其实我们还有另外一款豆子，是偏风味型的，待会我做一点给你试试看。”

“不用不用，刚才的也 ok 的。”自从自己做过店，在外面喝咖啡的我从来不挑剔，只要是认真制作出来的，不管是什么风格都可以欣然接受。我被她的认真弄得有点不好意思。

画自己喜欢的店和人时不免会有点紧张，尤其对于我这样一个画画不打草稿的人，每一笔都是决定性的。当我画到她时，每每抬头看她几秒，她便会微微笑着看我一眼，甚是可爱。她的笑容让我慢慢放松下来，她的头发、眼睛、脸颊在画本上慢慢显现。

画完我意欲离开，没想到她没有忘记给我的浓缩。我呷了一口，正是我喜欢的口味。“我喝的第一杯澳白就是在这里。”

“是吗？”

当我在吧台里，如果有人这么跟我说，我大概也会这样回答。

做咖啡的人每天做那么多杯咖啡给不同的人，但对喝咖啡的人来说，被递上的那一杯，也许是自己人生中第一次尝试的澳白，第一杯手冲，第一份SOE。当我明白这个道理时，已经离开吧台重做咖啡客近一年了。

她说在这里工作了三年多，就要离开这家店了，在小店待久了就有了惰性。她并没想好下一站去哪里，准备带爸爸去旅行，目的地也许是咖啡产地肯尼亚。虽然在流动性很大的咖啡行业，一个咖啡师在一家店待三年多已是罕见，但听闻喜欢的咖啡师要离开喜欢的店时还是泛起淡淡的忧伤。

下一次相见不知会在何时何处，但是我依然会记得人生的第一杯澳白。人生无常，世事变幻，可以成为回忆也很好啊！

AUNN CAFE &CO.

上海 · 黄浦区南京西路 1728 号

MAP 75

我很喜欢这家的外带杯

daidai

作为一个土生土长的北方人，其实很不耐受南方的冬天。

这天偏偏又特别冷，AUNN 一早刚开店，水泥地则让人觉得更冷。店内很大，有些通透感，没有明显的装饰和颜色，基本就是白白灰灰和其他绿植的颜色，典型的性冷淡风。门口停着三辆很有特点的小摩托车，投影仪在墙上循环播放着一些黑白影像作品。

可能因为体感实在太冷，咖啡的温度起不到任何作用，所以并没有对咖啡的口感留下太深刻的印象。倒是吧台上看起来就很高级的冰滴咖啡设备吸引了我的注意力，特别像科技电影中的实验室器具。

对了，这里的外带杯很惹人喜爱，是那种软木塞花纹的质地，配上白色杯盖和白色店名，恐怕是唯一感觉温暖的元素了。

MAP 75 美术馆里“转瞬的美好” Momo

AUNN 的全称是 All U Need Now（不只是一杯普通咖啡）。去过两次 AUNN Cafe 南京西路店，深刻的印象来自于他家卖的外带杯！那个软木外带杯太好看了。店里最吸引眼球的除了顶级咖啡器材外，还有 3D 打印的很特别却没那么舒服的椅子，太空感的吊灯和可以拍出海浪感觉的大圆桌。

2017 年春节一个人错峰来了魔都。从

小南门的青年旅舍出发，坐渡船到浦东新区义仓美术馆。进美术馆一眼就望见了 AUNN Cafe 的吧台。

“什么时候 AUNN 在这里开了新店？太好看了啊！”两台 Faema E61 咖啡机和这个好看的吧台已然让我忘了是来看展的。遗憾的是放假期间没人做咖啡，所以只能望着窗外黄浦江发呆，我决定下次还要来。

一个月后，心心念的美术馆里的 AUNN 使我又来到魔都。这次，如愿喝到了咖啡，在现场画完线稿，并在回到青旅后上了颜色。

写下这些文字的前几分钟我在 AUNN 的微博里发现，我以为的会永久存在的这家分店其实是游牧店，并且已经在我去后的几天结束了。

“幸好画了它！”我又想，“将转瞬的美好留在画里也不错。”

生命苦短，记录当下。

Café Clark
北京·朝阳区青年路华纺易城小区 19-02

Café Clark

MAP 76

老板比咖啡馆更有名气 daidai

在国内独立咖啡馆的圈子里，北京的 Café Clark 相当有名，而店老板好像比店铺本身更有名。他留着长发，常年戴着帽子，复古装扮，粗布围裙，不苟言笑。我专门画画是在第二次去，有幸见到了老板本尊。

人总是有先入为主的观念，当我在社交媒体上看了老板的照片，听了一些大家讲述的故事后，崇敬之情油然而生，其中伴随着三分敬畏，生怕自己成为那个“不投缘的客人”，以至于在店里观察老板制作小猫拿铁时，屏住呼吸，连大气都不敢喘一下。可是后来才发现，其实老板也不像看起来那么严肃不易接近。当我坐在吧台边随便聊起接下来的旅行时，他会在特别合适的时机推荐他很喜欢的店。

最后，我拿着这幅画去找老板签名，他很开心地拿出自己的印章，还跟我说：“你一定要一家一家地画下去噢！我很喜欢这种传统记录的方式呢！”

COFFEE
CAFE CLARK

MAP 76 老板说我的画像清明上河图 Momo

去一家店之前，所有好的坏的评价都是听他人说的。只有去过以后才会浮现自己真正喜好的、很私人的偏爱与心情。

百闻不如一见，用来形容我初见 Café Clark 的心情再合适不过了。

来到这里已近傍晚，过往见过很多人拍这里，但都不及亲眼所见带来的欢喜与感动。照片确实无法记录下这全部的美妙，各种声

这幅像清明上河图

全景图
见文前拉页

音、香气、人们的对话与流动。站在角落里一边画一边想:“啊，幸好来了!”

吧台里除了店主 Clark 本人，咖啡师们也都戴着帽子，穿着复古的马甲，形成了吧台内一道气质独特的风景线。画咖啡馆门面时，会遇见出来抽烟放风的 Clark。他亲手为每位客人拉门，微笑着点头，就好像欢迎来自己家里拜访的老朋友一般。

“现在的时代，还有人用纸和笔这种传统的方式去画画，真的特别好。”Clark 看了我在他店里画的长卷，开心地说:“这幅像清明上河图，哈哈。”

竟然忘记品尝一下这里的日式手冲了，但是 Clark 亲手煮的“古法巧克力”，因为加入了香料而显得特别，也给我留下了很深的印象。

这样一间远离了热闹的市中心及景区，低调地坐落在寻常街道的咖啡馆，一开就是七年。每天依然不断吸引着身在北京或是从外地慕名而来的朋友，其魅力除了店铺里漂亮的陈设，以及用心出品的咖啡与点心，最最重要的是这里的人。

这次没约上在北京的岱岱，但是只要一想到我正在她画过画的店里做着同样的事，就觉得很快乐。我们约定，下次等我再去北京，一起去 Café Clark 画画。

BEIJING ARRIVED
★ 05.Apr.2018 ★
COFFEE

MAP 77

在这里会以为自己在希腊

daidai

里外全白的一家店，看着店名，以为是日文。结果问了店小哥才知道，这是希腊语，梦境之神。

店铺小小白白的，干净透亮，简单风，是那种一眼看见就忍不住想要进去的店。吧台周边是白色瓷砖，侧面有个网格架子，上面夹着老板收集的各地知名店铺咖啡豆的外包装。

咖啡师也穿着白衬衣，与常来的客人都很相熟，也会提醒新面孔的客人：咖啡请趁热喝。

现今，店铺又有了新的外带杯，希望越做越好。

ESPRESSO
AMERICANO
FLAT WHITE
COFFEE
10AM-7PM

MAP 77 等猫来的午后 *Momo*

“默默，来我们店里画画吧！”因为记得这句话，某天我搭上一列火车来到上海，来到了Onirri。

半个咖啡馆洒满了阳光，我逆着光线仰起头，期望再见玻璃房上落满的梧桐叶而不得时，我才意识到，离上一次站在这里，已经过了两季。现在是春天了啊！

素来对纯白的空间犯怵，总觉得需要时刻小心翼翼而无法自在。但这个白色的Onirri因为午后阳光变成了暖黄后，却是格外纯净迷人。

“有时候会有猫在玻璃上面走来走去、晒

太阳，投下来的影子，很好看。”这样的话，是只有热爱这家店、热爱阳光的人才会说的。他叫阿钊，是 Onirri 的咖啡师，那个让我来这里画画的人。他正仰头站在玻璃房下面，仿佛在寻找，在等待着什么。他微笑着闭上了眼睛，任凭阳光如花洒一般笼罩着自己的脸。

“哇！”我已经像亲眼所见一般激动，“那我就在这里等，等猫来……”

反正也没有别的重要的事，就这样在 Onrii 待了大半个下午，画画，喝咖啡。看着阳光如阿钊描述的那样，在墙上慢慢移动，也真的看到了有一只猫从头顶上走过。

“阳光进到店里的时候我会很感动。”他说。我想我也是，和每个来这里的人一样。

嗯，那个等猫来的午后，想起来就很美好呢！

Blacksheep
espresso

MAP 78

吧台内外皆是景 Momo

Blacksheep Espresso
上海 · 黄浦区建国中路 169-4 号

当我画咖啡馆时，我喜欢挑选直面吧台的座位，最能看清楚的不仅是硬件，还有吧台内外的一举一动。虽说咖啡机和磨豆机并非是一杯好咖啡的决定性因素，但是如果咖啡师在吧台内专注、娴熟又泰然地操作设备，对答客户专业且不乏谦逊和耐心，那么这杯咖啡味道想必也不会差。

我去上海的 Blacksheep 刚好是 2017 年大年初二，所以魔都的好几家店都让我吃了闭门羹，唯独这家依然敞开大门。我找了正对吧台的长凳坐下来，点了杯澳白。长凳的另一头是一对正在喝咖啡的时髦情侣。

“刚才那杯怎么样？”年轻的老板待他们喝了几口后问。

“我只能说，这是一杯不难喝的咖啡。”女生回答。

如果换作是我，这样的评价很难让过年还辛苦守着店的我高兴起来。没想到老板完全没有收起微笑，和他们分享起关于呈现出这样一杯咖啡的心情。此刻，我已对这家小店心生敬意。

“终于看到人了！之前每次来都是就我一个人！”一个长发女生进门，嗓音清脆。

“待会人还要多，下午会爆满哦，”老板颇为自豪地说，“今天想喝什么呢？”

“我还是要很浓很浓的澳白！”

“好，还给你做四个浓度。”

果然，客人慢慢多了起来，喝完咖啡很久的我已经不好意思占着位置，便出门去画画。开店三周，已经积累了不少老顾客，真的是非常厉害。

最后完成这幅画是在 Blacksheep 的窗外。这里同样可以看到咖啡师的微笑，手捧咖啡的人们满足的神态。这些是我最乐意去画，却又常常觉得自己表现不够的。

MAP 78

挤不进咖啡馆，就画一张店铺外吧

daidai

Blacksheep espresso

这家网红店铺前后去了两次。

第一次的画很不理想，而且午后时分占着座位画画总还是有些尴尬。

第二次去的时候也依然很多人，多到几乎进不去门。刚好需要磨时间等朋友，于是就在店铺外面画了一张。

都说这是一家集合多种网红元素的店，有设计感的黑白配色的绵羊店招。店铺整体素气淡雅，以白为主，融入木质提升暖度，门口通透的大玻璃窗让午后温暖的阳光尽情洒入店内。

难得店铺会准备三款意式豆子供选择，肯尼亚、埃塞俄比亚庄园和拼配，看得出老板的用心。

SHANGHAI ARRIVED
★ 08.Apr.2017 ★
COFFEE

2014
年

一个人

的咖啡时间

Kafe Ara

土耳其 伊斯坦布 -Tomtom Mahallesi, Ara Güler Sk No:2, 34433 Beyoglu

MAP 79 遇见伊斯坦布尔的旧时光 Momo

在我和岱岱相识的前一年，我去了土耳其和美国，画了那里的几家咖啡馆。

自十七岁拥有了自己的胶片傻瓜相机以来，多年来一直视拍照为一件无比快乐的事。来 Kafe Ara 就像冥冥中安排好的一样。在一个漫无目的的夜晚，我误打误撞来到了这里。

当我走进 Kafe Ara，走进的是 Ara Guler 的摄影世界，Kafe Ara 的拥有者——这位被誉为伊斯坦布尔之眼的摄影师，用手中的镜头，刻画了这座城市的面庞和血脉。行使在博斯普鲁斯海峡上的渔船和翱翔的海鸥，以蓝色清真寺为背景的马车与商人，巴拉特区天真而孤独的孩子……都与那个时代一起凝固成一幅幅有颗粒感的黑白影像。它们出现在店里的各个角落，被装裱在相框里挂上了墙，被印刷在纸上成了菜单、餐垫。

同时，谈情说爱的男男女女、西餐和咖啡、彩色的瓶瓶罐罐和复古的镜子。这样一个空间令坐在这里的我，有了“梦里不知身何处”的感觉。也许是欧洲的某个咖啡馆，也许是电影里的一幕场景。可是，一旦目光在墙上的照片停留，我的思绪又被拉了回来。

是的，我不在别处，我在这里——伊斯坦布尔。

那一晚在 Kafe Ara，我请求暂以摄影人自居，尽情享受着被黑白光影魔力笼罩的咖啡香。

那一晚在 Kafe Ara，我也听到了我心中的回响，有朝一日，也要开这样一家咖啡馆。

那一晚在 Kafe Ara，我唯独没有拿相机而是用画笔简单地记录下了它的美，我知道有一天我还会回去，回到美丽的伊斯坦布尔。

咩咩

Jan Kafe
土耳其 迪亚巴克尔省
Sur, Dabanoglu Mahallesi

MAP 80

在咖啡馆里喝茶、抽水烟 Momo

哈桑帕萨哈尼（Hasan Pasa Hani）坐落在乌卢清真寺附近，是旧时丝绸之路的重要驿站。这座黑白玄武岩构造的建筑，有四百多年历史，是迪亚巴克尔第二大建筑。原本用于容纳马和骆驼的地方，如今挤满了从清真寺出来的本地人和游客，一派热闹的聊天、喝茶、打牌的景象，地毯店、珠宝店、餐厅比比皆是，俨然成了热闹的购物休闲场所。从陡峭的楼梯上二楼，原本是客房，现在被改造成了咖啡馆，Jankafe就是其中一家。发现很多当地人都在喝着土耳其咖啡或茶，抽着水烟，便停下来加入了他们。

和在土耳其的大部分时候一样，没有点咖啡，而要了茶。土耳其咖啡是连渣一起煮，并要一起喝下去的，口味十分重。而土耳其茶，虽然和顶级红茶比相去甚远，却也是会上瘾的东西——一天甚至一顿饭后不喝就会想念勺子搅动杯壁的声音。至于土耳其水烟，这是第一次尝试，选了水蜜桃味。彼时并不抽烟的我，只是觉得水烟润润的，比卷烟更温和。那甜甜的湿漉漉的气流涌进喉咙的感觉，非常奇妙。

虽然这是第二次来土耳其，第二次来土耳其东部，但是总有看不够的自然风光，体会不完的人情温暖。这一刻，像坐在博物馆里，手中这杯茶混合着水烟的香气，与历史交织在了一起。

Juju's Bagel Cafe

MAP 81

左手咖啡，右手贝果 Momo

Juju's Begal Café
美国 纽约 · 35-62 76th St, Jackson Heights

我在纽约的民宿房东叫 Nat，是一位 65 岁的菲律宾华侨。每天早晨九点，肉桂香蕉麦片、现烤土司和中国红茶的香气会准时从厨房飘出来。

等我 65 岁的时候在做什么？我没有答案。这个答案也许只有时间会给我。

我每天往返回民宿的路上会经过一家小店，叫 Juju's Bagel Cafe，那里总是有很多人。有一天中午我也进去凑热闹，要了一份贝果、一份南瓜汤。小小的咖啡店里坐着的都是大叔大妈，左手咖啡，右手贝果。不同肤色，各种穿着和口音集合在此，就像是纽约的缩影。

我忍不住画起画来。

“I like your coat！”邻桌的大妈们转头笑着对我说。嗯，大妈，你们身上的毛衣也好好看，以至于我不禁想画画，并且好像看到了自己三四十年后的模样。

65 岁时的我，还会如现在一样喜欢和好朋友坐在咖啡馆里聊天，依然如此爱旅行和画画吗？

Mille Feuille

MAP 82

一杯拿铁的温度 Momo

2014年11月，因临时被邀请参加在纽约举行的某艘邮轮首航活动，有了那次美国之旅。还未完全来得及做任何功课的我，就已经投入了纽约的怀抱。一路上心里想着既然是完全没计划的旅行，就当是来喝几杯好喝的咖啡也好。

可我一不小心，竟然在最美的季节来到了纽约，来到了中央公园。红色的树、绿色的树、黄色的树，跑步的人，遛狗的人，喂松鼠的人，影子、风、歌声，这是我见过最美的城市公园了。我用眼睛和相机疯狂地抓住眼前的美景，快要忘记自己身上只穿了一件薄毛衣，而当下纽约的气温只有零下五摄氏度。

“太需要一杯热咖啡啦。”我一边这样想，一边出了中央公园。在美国自然历史博物馆附近，我看到了 Mille-Feuille Bakery Cafe，这家法式面包咖啡馆。

墙上的介绍说，这是一家家庭经营的小店，新鲜出炉的面包每天都从位于布鲁克林的厨房运到这儿。我点了一杯拿铁，两块甜品。被咖啡温暖了双手，被甜品温暖了味蕾

Mille-feuille
to go or ?
stay
hank you
See you~
See you morning
mille feuille
Latte

后，我打开本子开始画画，顺便在混合着面包香、咖啡香的店里取取暖。我选的座位很适合画这家店，可以清楚地观察到吧台内外的人们，以及面包和甜点。

当我快要完成画作时，坐在我右手边一直在写东西的女人突然走到我的桌前。

“你好，我叫 Sarah，是 Mille-Feuille 的市场部经理。”我以为她跟我一样，只是这家店的客人。

“你好，我是 Virginia（我的英文名）。”

她开心地用手机拍下了我的画，计划放大后挂在店里，还问了我纽约的行程，邀请我改日再去店里吃甜品。这是旅途中，陌生城市里，一杯咖啡的温度。

我清楚地记得，离开纽约的那天，天空飘起了小雪。曼哈顿的街头有人撑着一把伞，伞上写着“I love NY”。我想这也是我当时的心情。我是那么爱中央公园，爱在冬日的阳光下漫步和抓拍，爱看小狗和松鼠在地上跳跃而鸽子起舞，爱用镜头给拥抱的人们留下永恒的美好并暗自热泪盈眶。

EASE DO NOT DISTURB
HE RoASTER
OPERATOR.
heart
PROBAT

Heart Coffee
美国 波特兰 · 2211E,Burnsid St

MAP
83

暂别网络的时光 Momo

在波特兰的时候，来 Heart 喝一杯咖啡，刚好是利用了在旁边炸鸡华夫店等位的时间。

“No wifi, just enjoy the coffee.”（没有网络，请享受咖啡。）当我点完咖啡索要 WIFI 密码时，服务员这样说。在这个过分依赖手机和社交网络的时代，来到咖啡馆没有 WIFI 简直是件令人坐立不安的事。但那一个下午，这样的状况对于我来说却不是坏事。借着告别网络的时光，反而得以静下心来专心致志地画个小画。

就这样，我坐在围绕着烘焙机的桌上，眼前帅气的烘焙师熟练操作着电脑，豆子们发出富有节奏的“唰唰唰……”的声音。边喝咖啡，边画画，边想象着我手中的这一小杯咖啡的醇香，便是出自这样专业的烘焙师之手，就好像目睹了婴儿新生一般喜悦。

PORTLAND ARRIVED
★ Nov. 2014 ★
COFFEE

STUMPTOWN
WHOLE BEAN
COFFEE ROASTERS
WHOLE
Cold Brew

Stumptown Coffee Roasters

美国 波特兰 · 1026 SW Stark St,Portland

MAP 84

洗出记忆的照片

Momo

来波特兰 Ace Hotel 的这家 Stumptown 之前，不知不觉已在路上喝过好几杯 Stumptown 咖啡——纽约 Ace Hotel Stumptown 出品的卡布奇诺，The Jolly Coffee Bar 出品的拿铁，更或是波特兰房东家的美式咖啡，用的都是 Stumptown 烘焙的咖啡豆。

尝试这家 Stumptown 的冰滴咖啡后，我决定开始画画。是的，美味的咖啡再一次收买了我，使我的画笔不安分起来。画到一半时，又忍不住点了杯手冲咖啡。我就这样面对着长长的吧台，三台磨豆机和两位咖啡师，画下了这幅画。

喝咖啡喝得肚子饿了，转身栽进外面占满整个街区的波特兰特色小吃餐车。离开 Stumptown 时当然不忘买了咖啡豆，回家慢慢品尝。

就是这样，旅途中吸引人的东西实在太多，画画的时间往往不充裕，而我又是个绘画的“生手”，大部分画都只能现场画完线稿，回家后上色。这幅 Stumptown 是拖了很久才上色的。这就像将一卷冲洗出来放置很久的胶片放入扫描仪，可以帮我再一次回到那一天、那家店，岂不也很妙呢?

至于这家黑色的、酷酷的、精致的店，最后怎么一不小心被画成了色彩斑斓的浓郁风格，大概是我的“扫描仪”出了问题，哈哈。

PORTLAND ARRIVED ★ Nov.2014 ★ COFFEE

Momo × daidai

Coffee

我们写生的速度永远都赶不上咖啡馆开张和关铺速度。好在我们用画笔、用水彩把那些已经消逝的咖啡馆刻在了心里。

2014
至
2018
-年-

被时光 掩藏 的咖啡馆

MAP
85

在记忆里闪闪发光的下雨天

Momo

徒步布鲁克林大桥的那天狂风骤雨，走过大桥一半时转过头，高楼林立的曼哈顿，如全景照片一般一览无余，真是太壮观了。末了，顺道去 Blue Bottle 喝杯咖啡。

作为美国第三波精品咖啡的代表之一，Blue Bottle 在美国很多城市都有门店，在纽约就有很多家，而我去的这家位于布鲁克林，是一家小小小小的店。

“Why it's raining ?”坐我旁边的小女孩在打电话，只听她对电话那头说。是啊，纽约的冬天多雨，让很多人都心烦。但此刻身在这间安静的咖啡馆，暖黄的灯光下，两位咖啡师，欢乐地哼着歌，他们完全没有被外面的坏天气所影响。对用画笔记录旅行足迹的我来说，咖啡馆是最好的写生场所，下雨又何妨?

我记录下的，不仅仅是一个咖啡馆，而是一个在记忆里闪闪发光的雨天呢!

认识 Blue Bottle 是 2014 年夏在台北诚品买的
Blue Bottle Craft of Coffee，
那个时候应该全然没想到半年后的某天，
会坐在纽约的 Blue Bottle 喝着咖啡吧！

MAP 86

在画本上打开B门 *Momo*

在丹麦的哥本哈根，每个人都在喝咖啡。即使在北欧万物冬眠的二月，咖啡馆里都挤满了人，好像城里所有人都在咖啡馆，都在用咖啡来唤醒每一天。

像 Kent Kaffe 这样一半隐藏在地下，一半露于地上的咖啡馆都座无虚席。爱喝咖啡的我，如鱼得水般。

狭长的店面尽头是一株咖啡果树的墙绘。那如火焰般鲜红绚烂的咖啡果实，令多少咖啡人为之痴迷疯狂啊！

在门庭若市的 Kent Kaffe 里，我只能吃力地坐在吧台边没有靠背的高凳子上画画。最后层层叠叠的桌椅在本子上显现时，又有着巨大的成就感。

最好玩的莫过于，我在这样一个时间段，将不同时间坐下来的咖啡客都汇聚到了画面里，像是照相机的慢门摄影。我提笔的那一刻打开了画本的 B 门（相机的手控快门），这样直到辍笔，一幅画便完成了。

不到最后一刻，不知画面会变成什么模样。

NEWYORK ARRIVED ★ Feb.2016 ★ COFFEE

FINCA JESPER BWINDI
32KR
37KR
45KR
45KR
45KR
55KR
35KR
22KR
30KR
32KR
35KR
SHOT 5 KR
40KR

Kokoro Cafe

MAP 87

完全出乎想象的店 daidai

在遇见 Kokoro 咖啡馆和老板月野兔以前，从来没有想过沈阳也可以有这么像样的咖啡馆。

妈妈说，附近巷子口临近大马路的方向左转，有个白白的门脸，好像是个咖啡馆，很好看的样子，让我去看看。

这是对 Kokoro 最初的印象，特别白，很日系。

去了烟台之后，对于二三线城市，便不再抱有更多的执念想要找到心仪的咖啡馆，一切随缘。

很幸运，碰见了这一家。

巧得很，月野兔和店长两人开店前就在北京学习生活，曾经生活过几年的区域就是北京著名的咖啡馆 Café Clark 附近。他们既是那里的常客，也是粉丝。

这可能是沈阳唯一一家仅提供咖啡、饮料、甜品而没有餐食的咖啡馆。店长和月野兔很有自己的坚持：如果一家咖啡馆提供炸薯条，可以外带食品，还能点外卖的话，就不是真正的咖啡馆了。

如今，为了提供更好、更专业的咖啡和甜品，他们毅然选择放弃几年积攒下来的名气与人气去海外进修。

祝他们成功！

MAP 88 二十六公里不算远 Momo

野果咖啡馆离嘉兴市区有二十六公里路，位于嘉兴桐乡。每次开着电动车或者搭公交车去野果的心情，就像是好天气里愉快的小旅行。从前也去过桐乡多次，但自从有了野果后，这家店好像是我去桐乡最重要的目的。

有一年冬天，我的朋友四月带着她的男朋友来嘉兴看我。我们从前虽没有说过很多话，但彼此是欣赏的。午后我们一起坐在野果窗下喝咖啡。那个冬日的阳光照在这对恋人的身上时，我也被温暖到了。

因为那天兴起想画画的欲望，于是自己留了下来。

往后的春秋天，可以搭一个巴士去野果喝杯冰咖啡，看会儿闲书。而夏日与冬日，则先去吃碗热腾腾的羊肉面，再到野果点一杯温暖的牛奶咖啡。只要这样一想，就觉得这二十六公里并不太远，反而有了可以贯穿一年的美美的念想呢！

木心咖啡馆
MUXIN CAFE

MAP 89

相逢不如偶遇 Momo

那日推开木心咖啡馆时，我是带着随时会“下雨”的表情，这是我第三次来木心。没有了第一次约好友的喜悦，也没有第二次和朋友重聚的畅快。此刻只有我一个人，沿着木心长长的吧台找了个靠墙的角落，脱下厚重的外套。

刚坐下不久，身边的位置来了另一个人，余光瞥了一眼觉得眼熟，我正眼去看他——

“瓦斯！”我几乎惊奇到了失声。

“默默！”对方也是同样的心情。

是的，离开杭州后我便没有见过这位曾一度天天见却说话不多的朋友。

那晚，我们仿佛把认识以来没有说够的话一次性补完了。我也第一次发现瓦斯的眼睛因为说到故乡新疆的美而发光，因为说到一次愉快的碰面而发光，因为调侃挚友而发光。和从前学过画画的他聊起画画这件事，他夸赞我拍的照片和画作，我说有时因为陷入技法上的困惑而提不起画笔。

“画画的欲望和愿望最重要。”这几个字从目光坚定的他的嘴里蹦出来。

谢谢木心，因为一些美好的相遇，我再一次找到了画画的勇气。

其实咖啡馆还在原来的地址，只是改了名字。

HANGZHOU ARRIVED
★ Feb.2017 ★
COFFEE

OH! YEAH CAFE

MAP 90

没有一家店是禁止画画的 Momo

OH！ YEAH CAFE 是一家低调的小店，我甚至不能确定它是否在营业，因为仅仅有几丝幽暗昏黄的灯光透出窗外。

等我推开大门，不禁“哇哦”地叫出声，我像是推开了一个隐于市的秘密而有趣的空间。

散布在店内各个角落的怀旧动漫模型，复古的装饰品小玩意儿，墙上的照片，架上的碟，都凸显出店主的个人志趣。装饰或许凌乱，但正是我欣赏的随性之美。作为广州最早的独立咖啡馆之一，OH！ YEAH CAFE 多年来在广州低调地做着自己。不随波逐流，是件多么难得的事啊！

我在那一整面森山大道风的黑白照片前驻足，好像窥探到了店主内心的世界。这位腼腆的大男孩，话不多，默默地做咖啡，做自己的事，并有着自己的坚持。当我夸赞他的摄影作品时，他双手合十，露出了笑容。

安静的下午，在舒缓的爵士乐里，会有一种不舍得在这里大声说话的感觉，怕会破坏它静默的气氛。

如此有趣、有情怀的咖啡馆不能拍照，是可惜的。可是好在，没有什么地方是禁止画画的。

在 OH！ YEAH CAFE 每个人都可以自得其乐，默默地做自己，是一件特别美好的事。

Espresso
Macchiato
Cappuccino
Latte 32
Mocha

OH! YEAH CAFE
HONEY WITH
LEMON

WANTOK

MAP 91

广州六月，凉风习习 Momo

六月的广州，天气热到爆炸。在天河体育馆旁的WANTOK，一杯好喝的澳白下肚后想要在这里画点什么。就这样一直从傍晚画到了夜幕降临。那天的WANTOK，人不多也不不少，氛围刚刚好。一旦开始画画，心就慢慢地静了下来。在门外画画时，吧台里的女生从我眼前走过，把头瞥向我，微笑着喊道：“吃饭了吗？”

“啊？没吃呢。”

“一起吗？”

“哈哈，不了，你去吧。”

因为咖啡喝饱了没有与她共进晚餐，但是很高兴接到这样的邀请。

此刻跟着画儿回忆那天的时刻，仿佛有凉风习习。

Espresso
blend

WANTOK
Take away
WANTOK

MAP 92

全景图
见文前拉页

幸福感是可以传递的

Momo

因为对面包的爱，每次一到上海都会去 Farine 报到，如同老鼠掉进了米缸里一样快乐。虽然没有去过法国，但从第一次去 Farine 便深深地被这个法式面包房所吸引。喜欢 Farine，不单因为它好看的店铺设计，还因为每一款面包和甜品都充满诚意。虽然价格不便宜，但吃过便会觉得值得。可颂是每次必点的，尤其是当配上一杯口味略重的卡布奇诺——“嗯！”因为奔波一路快奄奄一息的味蕾瞬间就复活了。

Farine 是一个时时刻刻都排队的店，找到一个座位是件很不容易的事。忙碌的店员，排队的饮食男女，而占据窗口位置的永远是年轻漂亮的姑娘。

观察千姿百态的人并将他们入画，是件有趣的事呢！而更好玩的是，发现自己被画了的人的反应。有兴奋地拿起手机拍下来意欲发微信的，有呼叫同伴一起来看的，最多的是假装不在意地继续喝咖啡看书，当然偶尔也有默默起身走开的。

在 Farine 画了有史以来的第一个七连页，员工们都围上来看有没有自己，还拍下了我的画，说要发给老板看。一直相信幸福感是可以传递的。嗯，有一帮忙碌并快乐着的店员，怪不得店里生意一直不断呢！

后记

用画画记录可能遗忘的此时此刻

从来没有想过，有一天我可以拥有一本署着自己名字的书。

这些所有关于咖啡馆的故事或者旅行记录，都源于一个特别的开始——与默默的相识。因为和她最开始的相遇，才有了最初的灵感和现在的坚持。尽管这些咖啡馆的绘画和随笔闲语都是一些个人的经历和感受，但如果有一天，你们刚好去到这本书里提到的城市，希望能记得我们的画，找到那些咖啡馆，喝杯咖啡，坐一下。也希望这些旅行中的琐碎平常，能够成为你们独一无二且弥足珍贵的痕迹。

很多人问我："你画了多久能画成现在这样？"我想了很久，但这个问题真的特别难回答。首先，我是个特别业余的画手；其次，我有一份需要经常出差且比较烧脑的工作。于是，画画就成为我生活的另一个出口，或者说我生活的另一种表达。所以，关于这个问题的答案，我想说："时间不是关键，重要的是开始和坚持。再加上无条件的热爱。"

曾经在国内著名插画师卡斯丁多的书上看到一个标题，印象深刻——所有弥足珍贵的日常。对，与其说要创作一幅画，不如说用画画记录生活，那些很多年后可能会忘记的此时此刻。

感谢老赵和林医生，他们是我心中最了不起的爸妈。这本书不是最完美的礼物，却是现阶段一份最好的答卷。

感谢默默、珊珊、娟儿姐，在茫茫人海中发现了我，有了之前的故事和现在的画集。

感谢七老板、黄妈、nana、白老师。"如果这个世界上存在运气这种东西的话，那我发自内心地感到幸运，充满感恩。"

感谢巧雯为这本书撰写的咖啡知识。

感谢给我无数正能量的每一位。

感谢你们，让我在被爱中学会去爱。

感谢生活，让我在经历之后有所得。

图书在版编目（CIP）数据

纸上咖啡馆 ：两个女孩的环球咖啡之旅 / 默默，岱岱绘、著. -- 北京 ：北京日报出版社，2019.7
ISBN 978-7-5477-3002-7

Ⅰ. ①纸… Ⅱ. ①默… ②岱… Ⅲ. ①咖啡-文化-世界 Ⅳ. ①TS971.23

中国版本图书馆CIP数据核字(2019)第075702号

纸上咖啡馆 ：两个女孩的环球咖啡之旅

出版发行：北京日报出版社
地　　址：北京市东城区东单三条8-16号东方广场东配楼四层
邮　　编：100005
电　　话：发行部：（010）65255876
　　　　　总编室：（010）65252135
印　　刷：雅迪云印（天津）科技有限公司
经　　销：各地新华书店
版　　次：2019 年 7 月第 1 版
　　　　　2019 年 7 月第 1 次印刷
开　　本：787 毫米×1092 毫米　1/16
印　　张：15
字　　数：150 千字
定　　价：118.00 元

MAP 20 Energy Coffee 文见 053 页

三花屋